Rudolf Werner Kleine Einführung
ins Hieroglyphen-Luwische

ORBIS BIBLICUS ET ORIENTALIS

Im Auftrag des Biblischen Instituts
der Universität Freiburg Schweiz,
des Seminars für Biblische Zeitgeschichte
der Universität Münster i. W.
und der Schweizerischen Gesellschaft
für orientalische Altertumswissenschaft
herausgegeben von
Othmar Keel
unter Mitarbeit von Erich Zenger und Albert de Pury

Zum Autor:

Rudolf Werner (geb. 1921) studierte Altphilologie und indogermanische Sprachwissenschaft in Basel, Bern, Neuchâtel und Zürich. Später als Lehrer für Alte Sprachen an verschiedenen Gymnasien tätig. Daneben Einarbeit in die Hethitologie; ein Jahr lang Mitarbeiter von H. Otten in Marburg. 1966 Habilitation für indogermanische und altkleinasiatische Sprachwissenschaft an der Universität Basel. Veröffentlichungen u.a.: η und ει vor Vokal bei Homer (Freiburg 1948). Hethitische Gerichtsprotokolle (StBoT 4, Wiesbaden 1967). Kapitel «Alte Geschichte» im Türkei-Band der Erdmann-Ländermonographien (Tübingen 1974 und 1977). – Lebt in Frauenfeld (CH).

Orbis Biblicus et Orientalis   106

Rudolf Werner

Kleine Einführung
ins Hieroglyphen-Luwische

unter Mitarbeit von Barbara Lüscher

Universitätsverlag Freiburg Schweiz
Vandenhoeck & Ruprecht Göttingen

CIP-Titelaufnahme der Deutschen Bibliothek

Werner, Rudolf
Kleine Einführung ins Hieroglyphen-Luwische / Rudolf Werner. Unter Mitarb.
von Barbara Lüscher. – Freiburg, Schweiz: Univ.-Verl.; Göttingen: Vandenhoeck und Ruprecht, 1991
    (Orbis biblicus et orientalis; 106)
    (ISBN 3-7278-0749-0 (Univ.-Verl.)
    (ISBN 3-525-53739-5 (Vandenhoeck und Ruprecht)
NE: GT

Die Druckvorlagen wurden vom Herausgeber
als reprofertige Dokumente zur Verfügung gestellt

© 1991 by Universitätsverlag Freiburg Schweiz
    Vandenhoeck & Ruprecht Göttingen

Paulusdruckerei Freiburg Schweiz

ISBN 3-7278-0749-0 (Universitätsverlag)
ISBN 3-525-53739-5 (Vandenhoeck & Ruprecht)

INHALTSVERZEICHNIS

VORWORT

Die "Kleine Einführung ins Hieroglyphen-Luwische" ist nicht als Handbuch
für Hethitologen und solche, die es werden wollen, gedacht. Sie will also
keineswegs das Manuale von MERIGGI und andere Hilfsmittel ersetzen. Sie
ist lediglich als Handreichung für jene konzipiert, die - eventuell im
Selbststudium - überhaupt einmal eine einigermassen zutreffende Vorstel-
lung von den sogenannten hethitischen Hieroglyphen sich aneignen möchten
als Ergänzung zu anderen Studien. Gedacht ist also an Altorientalisten im
weitesten Sinne, an Alttestamentler, an Althistoriker, an Altphilologen,
an Archäologen, an Indogermanisten u.s.w..

Bei aller Kürze und Beschränkung auf scheinbar Gesichertes wird doch nicht
zu vermeiden sein, dass der Benützer auf manche Unsicherheit in unserer
heutigen Kenntnis der Materie aufmerksam gemacht werden muss; ein Blick
in die Fachliteratur genügt ja, um zu sehen, dass noch unzählige Fragen
einer Klärung bedürfen. Vor anderthalb Jahrzehnten bemerkte ein so hervor-
ragender Kenner wie HAWKINS zu einem Passus der hierogl.-luw. Inschrift
von Eğrek: "Subject, verb and object are alike obscure." (An.St. XXV, pag.
134 [1975])

Die Herren H. EICHNER (Wien), J. D. HAWKINS (London), M. KALAÇ (Istanbul)
und E. NEU (Bochum) hatten die Liebenswürdigkeit, in einzelne Teile des
Manuskripts *in statu nascendi* Einsicht zu nehmen. Ihren kritischen und
fördernden Bemerkungen verdankt diese "Kleine Einführung" eine weiter ge-
hende Anpassung ans heute Uebliche, als ursprünglich geplant war. Von einer
Erweiterung des Grundkonzepts riet allerdings einerseits die intendierte
"Handlichkeit" und Wohlfeilheit ab, andrerseits auch die Mitteilung, dass
J. D. HAWKINS an einem grossen Corpus-Projekt arbeitet, nach dessen Er-
scheinen ohnehin vieles neu überdacht werden muss.

Frau lic. phil. Barbara LUESCHER hat nicht nur die Reproduktionsvorlagen
für den "Allgemeinen Teil" und die "Kurzgefasste Grammatik" geschrieben,
sondern vor allem auch darauf geachtet, dass die Gesamtdisposition und die
einzelnen Formulierungen wirklich den Bedürfnissen von Anfängern und Nicht-
fachleuten entgegen kommen. — Für Unzulänglichkeiten des vorliegenden Werk-
leins trägt allerdings der Verfasser die Verantwortung.

Das Manuskript wurde zwar schon 1989 abgeschlossen; aber dazwischen getre-
tene terminbedingte Arbeiten und vor allem die zeitraubenden Zusammenstellungen der Reproduktionsvorlagen für die "Textproben" verzögerten leider
die endgültige Drucklegung. Damit hängt es auch zusammen, dass dem Benützer
zwei verschiedene Schreibmaschinen-Schriften zugemutet werden.

Der schönste Erfolg, der dieser "Kleinen Einführung" beschieden sein könn-
te, bestände darin, diesem Spezialzweig der Wissenschaft vom Alten Orient
neue Interessenten zuzuführen.

Basel und Frauenfeld
Ende 1990   Rudolf WERNER

ABKÜRZUNGSVERZEICHNIS

An.St.   Anatolian Studies, Journal of the British Institute of
                Archaeology at Ankara. London.

Carchemish   C. L. WOOLLEY, D. G. HOGARTH, R. D. BARNETT, Carchemish
                I-III, Report of the Excavations at Jerablus. London 1914,
                1921 und 1952.

CIH   Leopold MESSERSCHMIDT, Corpus Inscriptionum Hettiticarum mit
                2 Nachträgen. Berlin 1900, 1902 und 1906 = MVAeG V 4-5, VII
                3 und XI 5.

Glossar   Piero MERIGGI, Hieroglyphisch-hethitisches Glossar. Wiesbaden
                1962.

griech.   griechisch

heth.   hethitisch

Hethitica   Hethitica innerhalb der Reihe Bibliothèque des Cahiers de
                l'Institut de Linguistique de Louvain (Redaktion: Y. DUHOUX,
                G. JUCQUOIS, E. LAROCHE, R. LEBRUN und E. NEU). Lou-
                vain-La-Neuve.

HH   Emmanuel LAROCHE, Les Hiéroglyphes Hittites, première partie:
                l'écriture. Paris 1960.

HHL   J. D. HAWKINS, Anna MORPURGO-DAVIES und Günter NEUMANN,
                Hittite Hieroglyphs and Luwian: New evidence for the
                connection. Göttingen 1974 = Nachrichten der Akademie der
                Wissenschaften in Göttingen, philologisch-historische Klasse,
                Jahrgang 1973, Nr. 6.

HHM   Ignace J. GELB, Hittite Hieroglyphic Monuments. Chicago 1939
                = Oriental Institute Publications, vol. XLV.

hierogl.   hieroglyphisch, Hieroglyphen(-)

idg.   indogermanisch

keilschr.   keilschriftlich, Keilschrift(-)

<u>KZ</u>	<u>Zeitschrift für vergleichende Sprachforschung</u>, begründet von Adalbert KUHN. Göttingen.
lat.	lateinisch
luw.	luwisch
lyk.	lykisch
<u>Manuale</u>	Piero MERIGGI, <u>Manuale di Eteo Geroglifico</u>, 4 Teile. Rom 1966-1975 = <u>Incunabula Graeca</u>, vol. XIII, XIV, XV* und XV**.
<u>MVAeG</u>	<u>Mitteilungen der Vorderasiatisch-Aegyptischen Gesellschaft</u>. Berlin und (später) Leipzig.
<u>RHA</u>	<u>Revue hittitè et asianique</u>. Paris.
<u>RŠ</u>	Ras S(c)hamra(-Siegel) nach Emmanuel LAROCHE, <u>Documents hiéroglyphiques hittites provenant du Palais d'Ugarit</u> in C. F. A. SCHAEFFER, <u>Ugaritica</u> III, pp. 97-160. Paris 1956.
<u>SBo</u>	Hans Gustav GUETERBOCK, <u>Siegel aus Boğazköy</u>, erster und zweiter Teil. Berlin 1940 und 1942 = <u>Archiv für Orient-forschung</u>, Beihefte 5 und 7.

Abkürzungen von grammatischen Termini

abl.(-instr.)	Ablativ(-Instrumental)
acc.	Akkusativ
comm.	(genus) commune
dat.(-loc.)	Dativ(-Lokativ)
dem.	demonstrativ
fem.	(genus) femininum
gen.	Genetiv
masc.	(genus) masculinum
neutr.	(genus) neutrum
nom.	Nominativ
part.	Partizip
pass.	Passiv
perf.	Perfekt
plur.	Plural
praes.	Präsens
praet.	Präteritum
pron.	Pronomen
rel.	relativ
sing.	Singular
*	erschlossene oder rekonstruierte Form.
( )	erklärender Zusatz des Textbearbeiters oder Herausgebers.
[ ]	zerstörte, aber nach Duplikat oder Paralleltext ergänzte Stelle.
< >	im hierogl.-luw. Kontext: vom antiken Schreiber weggelassene, aber dem Sinn nach zu ergänzende Zeichen, vor allem das sehr unkonsequent gesetzte Personennamen-Determinativ. im deutschen Übersetzungstext: stilistisch nötige, aber im hierogl.-luw. Original nicht vorhandene Wendung.
(( ))	im hierogl.-luw. Kontext: vom Schreiber wohl irrtümlich geschriebenes Zeichen.

Allgemeine Abkürzungen

bzw.	beziehungsweise
ca.	zirka, ungefähr
Fig.	Figur, Abbildung
Nr(n).	Nummer(n)
pag.	pagina, Seite
pp.	paginae, Seiten
s.	siehe
sog.	sogenannt
u.s.w.	und so weiter
v. Chr.	vor Christi Geburt
vgl.	vergleiche
vol.	volumen, volumina, Band, Bände
z.B.	zum Beispiel

ALLGEMEINER TEIL

EINLEITUNG

Unter H i e r o g l y p h e n - L u w i s c h (auch Bild-Luwisch genannt)
versteht man heute korrekterweise jene Sprache, die in der älteren Fachliteratur traditionellerweise Hieroglyphen-Hethitisch genannt wird (vgl.
MERIGGI "Eteo geroglifico"). Die Schriftart selbst nennt man aber weiterhin
h e t h i t i s c h e H i e r o g l y p h e n . Die Forschung der letzten
Jahre hat jedoch gezeigt, dass die mit diesen hethitischen Hieroglyphen geschriebene Sprache in besonders naher Beziehung zum K e i l -
s c h r i f t - L u w i s c h e n steht, einer Sprache, die von in Keilschrift geschriebenen Dokumenten aus der einstigen Hauptstadt der Hethiter
Hattuša (heute Boğazköy bzw. Boğazkale) bekannt ist und die in der 2. Hälfte des 2. Jahrtausends v. Chr. in weiten Teilen des südöstlichen Kleinasien
gebraucht wurde. Indessen besteht kein Zweifel, dass diese Hieroglyphenschrift von jenem Volk geschaffen wurde, das wir historisch als
H e t h i t e r fassen und dessen Sprache, eben das H e t h i -
t i s c h e , aus den Tontafel-Archiven von Boğazköy bekannt ist und das
im Gegensatz zum "Hieroglyphen-Hethitischen" dementsprechend auch als
K e i l s c h r i f t - H e t h i t i s c h bezeichnet wird. Übrigens
nannten die Hethiter ihre eigene Sprache N e s i s c h (našili,
nešumnili) nach der Stadt Neša, offenbar einem der ältesten Wohnsitze der
im 3. Jahrtausend v. Chr. zugewanderten Hethiter. H a t t i s c h oder
P r o t o h a t t i s c h (hattili) dagegen, eine Bezeichnung, die an den
alten Landesnamen Hatti anknüpft, wird für die Sprache der nicht-indoger-
manischen Bevölkerung Zentralanatoliens gebraucht, auf die die einwandern-
den Hethiter trafen und die uns ebenfalls von spärlichen und kaum
verständlichen Keilschriftdokumenten aus Boğazköy bekannt ist.

Natürlich ist die hierogl.-luw. Sprache grammatisch nicht genormt, und am
allerwenigsten scheint es feststehende orthographische Regeln gegeben zu
haben. Indessen handelt es sich doch in fast allen besser verständlichen
Texten offenbar um ein und dieselbe Sprache. Eine Ausnahme bilden die mit
heth. Hierogl. geschriebenen Massangaben auf urartäischen Pithoi aus Altin-
tepe, vgl. HHL pp. 11-12, Abschnitt 2.1.1.

Hieroglyphen-luwische Sprachdenkmäler sind seit der ersten Hälfte des 19. Jahrhunderts bekannt. Als erster lenkte der Basler Kaufmann Johann Ludwig BURCKHARDT (1784-1817), genannt Scheich Ibrahim, die Aufmerksamkeit der gelehrten Welt auf Steine mit seltsamen Schriftzeichen in Hama(th) am Orontes in Syrien. Die Zuweisung dieser Dokumente an die aus dem Alten Testament bekannten Hethiter erfolgte durch die beiden Engländer William WRIGHT und Archibald Henry SAYCE (1845-1933), wobei letzterer sogar in den zweifelhaften Ruf kam, der "Erfinder der Hethiter" zu sein. Immerhin verdanken wir SAYCE allererste Einsichten in den Bau und Charakter dieser hierogl.-luw. Sprachdenkmäler.

Über die zahllosen Versuche, das Geheimnis dieser hethitischen Hieroglyphen zu lösen, berichtet anschaulich Johannes FRIEDRICH (s. Bibliographie). Alle vor 1930 erschienene Literatur hat heute nur noch wissenschaftsgeschichtliches Interesse mit Ausnahme der Inschriftensammlung von L. MESSERSCHMIDT (CIH). Erst nach dem Bekanntwerden und nach der Erschliessung der (keilschrift -)heth. Texte aus den Tontafel-Archiven von Boğazköy kam es zu einer ernst zu nehmenden Beschäftigung mit den hierogl.-luw. Sprachdenkmälern. Neben Emil FORRER (1894-1986) und Friedrich HROZNY (1879-1953), die sich beide um die Deutung des (Keilschrift-)Hethitischen verdient gemacht hatten, leisteten nun Helmuth Theodor BOSSERT (1899-1961), Ignace J. GELB und Piero MERIGGI (1899-1982) entscheidende Beiträge zur Forschung, welche nach dem Ende des Zweiten Weltkrieges weitere Neuanstösse erhielt. Schon vorher hatte Hans Gustav GUETERBOCK an Siegelfunden aus Boğazköy neue Erkenntnisse gewonnen; 1946 fand BOSSERT die phönikisch - hierogl.-luw. Bilinguen in Karatepe, einer Festungsanlage am Rande der kilikischen Ebene, bei deren vorläufiger Bearbeitung er von seinem Schüler und Mitarbeiter Franz STEINHERR (1902-1974) unterstützt wurde. 1952 schaltete sich auch der französische Hethitologe Emmanuel LAROCHE in die Entzifferungsarbeit ein und erzielte bemerkenswerte Ergebnisse anhand der hieroglyphischen Beischriften zu den Götterdarstellungen im Felsenheiligtum Yazilikaya bei Boğazköy und neuer Siegelfunde im einstigen Ugarit (heute Ras Schamra) an der syrischen Mittelmeerküste.

So schien die Zeit gekommen, um das beträchtlich angewachsene Wissen über die hethitischen Hieroglyphen und ihre Sprache zusammenfassend darzustellen, und nach 1960 erschienen denn auch die Standardwerke von LAROCHE und MERIGGI, auf deren Studium kein Hethitologe verzichten kann und auf denen auch die vorliegende "Kleine Einführung" beruht. Dass es sich dabei nicht

ausschliesslich um gesichertes Wissen handelt, machten inzwischen Untersuchungen von Hermann MITTELBERGER und vor allem von J. David HAWKINS seit
1973 deutlich (s. Bibliographie). Die Einarbeitung von HAWKINS überzeugen-
den Neuerkenntnissen in die "Kleine Einführung" war daher eine Selbstver-
ständlichkeit. Wichtigste Mitarbeiterin von HAWKINS ist Frau Anna MORPURGO-
DAVIES; in der Türkei arbeitet schon seit zwei Jahrzehnten Mustafa KALAÇ
an der Erschliessung der hethitischen Hieroglyphen mit, und in Italien
führt Massimo POETTO das Erbe von MERIGGI weiter.

EINFÜHRENDE BIBLIOGRAPHIE

Die folgende "Bibliographie raisonnée" beschränkt sich im Sinne einer "Kleinen Einführung" auf die grundlegenden Arbeiten. Die meisten der zitierten Werke bieten dem Interessenten weiterführende Literaturangaben.

Die grundlegenden Werke für jegliche intensivere Beschäftigung mit den hethitischen Hieroglyphen schufen der Franzose E. LAROCHE und der Italiener P. MERIGGI, vgl. das Abkürzungsverzeichnis.

HH bietet eine ausführliche Zeichenliste, deren Numerierung und deren Ideogrammwerte oder phonetische Umschriften in der vorliegenden "Kleinen Einführung" nach Möglichkeit beibehalten werden. Wichtig ist auch die Herkunftsliste der Monuments (HH pp. XXI-XXXV), also das Verzeichnis der vorhandenen Sprachdenkmäler nach Fund- oder Aufbewahrungsorten, welches in etwas modifizierter und ergänzter Form als Liste des documents hiéroglyphiques noch einmal in RHA tome XXVII, pp. 110-131 (1969) publiziert wurde.

MERIGGIs Glossar ist ein "Wörterbuch" und zwar bereits in zweiter Auflage; denn ein früherer Versuch einer lexikalischen Erfassung des Hierogl.-Luw. war bereits 1934 als Anhang zu einer Bearbeitung der Längsten Bauinschriften in heth. Hieroglyphen in den MVAeG XXXIX 1 erschienen.

Eine umfassende Einführung in die Schrift und die Sprache der heth. Hieroglyphen unter Vorlage sämtlicher wichtiger Texte bildet das Manuale von MERIGGI.

Eine Geschichte der Erforschung der hierogl.-luw. Sprachdenkmäler liegt vor in

Johannes FRIEDRICH, Entzifferungsgeschichte der hethitischen Hieroglyphenschrift. Stuttgart 1939 = Sonderheft 3 der Zeitschrift Die Welt als Geschichte. ·

Ergänzungen zu dieser Entzifferungsgeschichte findet man in der kleinen Publikation ·

Johannes FRIEDRICH, Entzifferung verschollener Schriften und Sprachen. Berlin, Göttingen und Heidelberg 1954 = Verständliche Wissenschaft, 51. Band.

Eine allgemeine Einführung in die Welt des vorgriechischen Kleinasien liegt vor in
Albrecht GOETZE, Kleinasien. München 1957 (= 2. Auflage!). Erschienen im Rahmen des Handbuchs der Altertumswissenschaft, begründet von Iwan von MUELLER.

Über die Sprachen des vorgriechischen Kleinasien und über ihre verwandtschaftlichen Beziehungen orientiert der Band
Altkleinasiatische Sprachen. Leiden und Köln 1969. Erschienen im Handbuch der Orientalistik, herausgegeben von B. SPULER.
Die das Hierogl.-Luw. betreffenden Kapitel stammen von der in München tätigen Hethitologin Annelies KAMMENHUBER.

Einen in mancher Hinsicht moderneren Stand der "vergleichenden Sprachwissenschaft" des idg. Zweigs der altanatolischen Sprachen bietet
Piero MERIGGI, Schizzo grammaticale dell'Anatolico in Atti della Accademia nazionale dei Lincei, Memorie, Classe di Scienze morali, storiche e filologiche, Serie ottava, vol. XXIV, pp. 241-411 (= fascicolo 3). Rom 1980.

Entscheidende Neuansätze für Deutung und Erschliessung der hierogl.-luw. Sprache verdanken wir dem Engländer J. David HAWKINS. Als grundlegend erweisen sich die beiden Studien
HHL (s. Abkürzungsverzeichnis) und
J. D. HAWKINS, The Negatives in Hieroglyphic Luwian in An.St. XXV, pp. 119-156 (1975).

In An.St. sind inzwischen noch weitere Arbeiten von HAWKINS erschienen. Wer auf dem Laufenden bleiben will, sei auf die regelmässig erscheinende Indogermanische Chronik in der Zeitschrift Die Sprache (Wien und Wiesbaden) hingewiesen, die im Abschnitt Anatolisch (betreut von Heiner EICHNER) auch Aufsätze zum Hierogl.-Luw. verzeichnet.

Die wichtigsten Publikationen von hierogl.-luw. Sprachdenkmälern sind Carchemish I-III, CIH, HHM, RŠ und SBo. Andere Inschriften sind ziemlich verstreut und oft in abgelegenen Zeitschriften veröffentlicht; vgl. die Zusammenstellungen bei LAROCHE in HH und RHA tome XXVII. Einen gewissen Ersatz bieten die Reproduktionen in MERIGGIs Manuale.

Ausgezeichnete Abbildungen von archäologischen Denkmälern mit hierogl.-luw.
Beischriften findet man in den beiden Bänden

Ekrem AKURGAL, Die Kunst der Hethiter (Aufnahmen von Max HIRMER). München
1961.

und

Kurt BITTEL, Die Hethiter. München 1976 (= Universum der Kunst Band 24).

Für das (Keilschr.-)Heth. sei allgemein auf die Handbücher von Johannes
FRIEDRICH verwiesen!

DIE SPRACHDENKMÄLER

Inschriften in hethitischen Hieroglyphen finden sich vor allem auf Stein, entweder auf behauenen Blöcken (Orthostaten, Stelen) oder im natürlichen Fels, so dass man derartige Denkmäler an Ort und Stelle studieren muss. Oft sind es reine Inschriftentexte; aber ebenso häufig handelt es sich um kürzere oder längere Beischriften zu bildlichen Darstellungen, zu Reliefbildern. Auch auf Steingefässen kommen Inschriften in hethitischen Hieroglyphen vor.

Daneben wurden hethitische Hieroglyphen auf Stempelsiegeln - viel seltener auf Rollsiegeln - angebracht, wobei sie meistens einen Personennamen und eine etwaige Titulatur wiedergeben. Originalsiegel sind natürlich selten; die überwiegende Fundmasse besteht aus Siegelabdrücken auf Tonplomben oder Tontafeln.

Ein - vorläufig - seltener Sonderfall sind die hierogl.-luw. beschriebenen Bleistreifen, wie sie in Assur (Mesopotamien) und in Kululu (Kleinasien) gefunden wurden. Bei den Streifen aus Assur handelt es sich um Briefe, bei denen aus Kululu um listenartige Aufzeichnungen. Auf Ton, dem Schriftträger par excellence für die Keilschrift, wurde nicht mit Hieroglyphen geschrieben; eine in Ninive (Mesopotamien) gefundene und heute in London (British Museum) aufbewahrte Tafel ist sozusagen die Ausnahme, welche die Regel bestätigt. Daneben gibt es noch ein paar hieroglyphische Kritzeleien auf Keramikscherben, sog. Graffiti, oder auf Alltagsgebrauchsgegenständen.

Dass im hethitischen Bereich Holz-Wachstafeln - an deren Existenz nicht zu zweifeln ist - überwiegend mit Hieroglyphen beschrieben worden sein sollen, ist eine bis heute durch kein archäologisches Beweisstück erhärtete Theorie.

Die Entstehungszeit unserer Inschriften umfasst die Grossreichszeit der Hethiter (ca. 1450-1200 v. Chr.) und die Epoche der nordsyrischen Kleinreiche oder Stadtfürstentümer, welche um 700 v. Chr. als Folge der Eroberung Nordsyriens und Kilikiens durch die Assyrer zu Ende ging. Aus den "dunklen" Jahrhunderten zwischen 1200 und 1000 v. Chr. sind fast keine Sprachdenkmäler erhalten; viele entziehen sich ohnehin einer genaueren Datierung.

Das Fundgebiet der hierogl.-luw. Sprachdenkmäler ist Kleinasien, vor allem der südöstliche Teil, und Nordsyrien. Hauptfundort ist der Ruinenhügel (arabisch Tell, türkisch Hüyük) von Cerablus am Euphrat an der heutigen Grenze zwischen Syrien und der Türkei, der einstigen Stadt Karkemisch.

Bei den Einzelfunden aus Mesopotamien (Assur, Ninive), Persien oder Griechenland handelt es sich zweifellos um verschleppte Stücke.

Hieroglyphische Siegel wurden vor allem in Boğazköy (Hattuša) und in Ras Schamra (Ugarit) gefunden, in kleinerer Anzahl auch in Tarsus in Kilikien.

DIE SCHRIFT

Schon den ersten Betrachtern der hier zur Diskussion stehenden Sprachdenkmäler (BURCKHARDT, WRIGHT) fiel der bildhafte Charakter vieler Schriftzeichen auf: Menschenköpfe, Tierköpfe, Hände, Füsse. So übernahm man denn
vom altägyptischen Schriftsystem den Terminus "Hieroglyphen", und schon
bald setzte sich der Begriff "Hethitische Hieroglyphen" im Unterschied zu
den "Ägyptischen Hieroglyphen" durch.

In umfangreicheren Inschriften erkannte man auch, dass die Orientierung der
Zeichen von Zeile zu Zeile wechselt: einmal schauen diese Köpfe oder die
Finger der Hände oder die Fussspitzen nach links, in der nächsten Zeile
nach rechts, in der übernächsten wieder nach links u.s.w.. Dieser
Richtungswechsel von Zeile zu Zeile ist auch aus altgriechischen Inschriften bekannt; man nennt diese Schriftrichtung bustrophedon ("wie die Rinder
beim Pflügen wenden").

Da am Beginn vieler hierogl.-luw. Inschriften häufig als erstes Zeichen
eine auf sich selbst zeigende Person vorkommt - oft in besonders sorgfältiger Ausführung - und da die letzte Zeile der Inschrift manchmal nicht
ganz ausgefüllt ist, verfügt man über Hinweise auf die Schriftrichtung.
Dabei zeigt es sich, dass die erwähnten Köpfe u.s.w. jeweils nach dem
Zeilenanfang blicken wie in der altägyptischen Hieroglyphenschrift.

Meistens stehen in einer Schriftzeile zwei oder mehr Zeichen übereinander.
Diese müssen dann jeweils zuerst von oben nach unten gelesen werden.
Gelegentlich gerieten die Schreiber oder Steinmetzen jedoch in Platznot
(oder der Steinmetz verstand seine Vorlage nicht), und so wurden Schriftzeichen ausserhalb der korrekten Reihenfolge angebracht oder die senkrecht
gemeinte Zeichenfolge geriet schief. Damit ergeben sich für den heutigen
Leser oft Interpretationsschwierigkeiten.

In den sorgfältiger ausgeführten Inschriften sind die erwähnten "Bilder"
und die Schriftzeichen allgemein im Relief aus dem Stein herausgemeisselt.
Bei weniger aufwendigem Verfahren aber ritzte man die Zeichen einfach ein;
sie sind also als Vertiefungen in der Oberfläche des Schriftträgers zu
erkennen. Dabei entwickelte man auch einfachere, kursive Zeichenformen;
vgl. etwa HH 100 oder HH 104.

Wie bei der Keilschrift, so unterscheidet man auch bei den heth. Hierogl.
drei Arten von Schriftzeichen, nämlich phonetische Zeichen, Ideogramme oder
Begriffszeichen und Determinative oder Deutezeichen (Lesehilfen). Zu den
Determinativen ist auch der – allerdings oft fehlende und vielfach nicht
konsequent gesetzte – Worttrenner zu zählen.

Die phonetischen Zeichen stellen im Prinzip Silben dar und zwar am
häufigsten entweder einfach Vokale (a, i, u) oder offene Silben, bestehend
aus einem einfachen Konsonanten mit darauffolgendem Vokal, z.B. ka, pi, tu.
Die umgekehrte Kombination, Vokal + Konsonant, ist viel seltener, z.B. ar
(HH 133/134) oder us (HH 421). Für geschlossene Silben (Konsonant +
Vokal + Konsonant) gibt es ebenfalls nur wenige Beispiele wie par (HH 13)
oder tal (HH 367). Zur Verwendung gewisser Silbenzeichen als reine Auslaut-
konsonanten s. unten.

Die Ideogramme oder Begriffszeichen können allein stehen oder aber mit
phonetisch geschriebenen Komplementen, meistens als Flexionsendungen,
kombiniert werden. Von vielen hierogl.-luw. Wörtern kennt man ihren phonetischen Wortlaut, also ihre "Aussprache" gar nicht. Wegen der unbestreit-
baren gegenseitigen Beeinflussung der von den hethitischen Schreibern
gebrauchten Keilschrift und den heth. Hierogl. transkribierten früher
Gelehrte wie BOSSERT und MERIGGI die geläufigsten Ideogramme als Sumero-
gramme wie in der Keilschriftphilologie (mit Grossbuchstaben), also HH 17
= LUGAL "König", HH 225 = URU "Stadt", HH 228 = KUR "Land" oder HH 360 =
DINGIR "Gott". Da aber zwischen den ursprünglichen sumerischen Zeichen und
den heth. Hierogl. kein direkter historischer Zusammenhang besteht und da
in der Hieroglyphenschrift auch zahlreiche Ideogramme vorkommen, denen gar
kein geläufiges Sumerogramm als Äquivalent entspricht, hat man versucht,
die hierogl. Ideogramme in moderner Sprache zu transkribieren, so vor allem
LAROCHE in HH. HAWKINS und seine Mitarbeiter verwenden neuerdings das
"internationale" Latein, und das scheint sich nun allgemein durchzusetzen.
Im Anschluss daran werden auch in dieser "Kleinen Einführung" die Ideogramme als "Latinogramme" wiedergegeben, also HH 17 = REX, HH 225 = URBS,
HH 228 = REGIO oder HH 360 = DEUS.

Die Determinative oder Deutezeichen sind nicht als ausgesprochene Wörter,
sondern als Lesehilfe zu verstehen. Sehr oft dienen Ideogramme auch als
Determinative, so das DEUS-Zeichen zur Kennzeichnung von Götternamen oder
das URBS-Zeichen zur Kennzeichnung von Ortsnamen. Determinative stehen in
der Regel vor ihrem Beziehungswort, aber auch Nachstellung kommt vor, so

gerade beim erwähnten URBS-Zeichen. In der Transkription werden die Determinative hochgestellt; statt DEUS schreiben wir - wie bei der heth. Keilschrift - ein hochgesetztes d (= DEUS oder sumerisch DINGIR).

Für einige Zeichen oder Zeichenkombinationen empfiehlt sich eine
rebus-artige Lesung. Dazu gehören einzelne Götternamen wie *SAR(RU)MA* (<u>HH</u>
80/81) oder *TESUB* (<u>HH</u> 318) und Königsnamen wie *HATTUSILI* (<u>HH</u> 197) oder
MURSILI (<u>HH</u> 227), der Stadtname *HALPA* (= Aleppo), das Personalpronomen *AMU*
"ich" (<u>HH</u> 1/2) zu Beginn vieler Inschriften, einige ligaturartige Schreibungen von Postpositionen bzw. Präverbien wie *ANDA* (<u>HH</u> 49) oder *ARHA*
(eigentlich Ligatur von <u>HH</u> 216 und <u>HH</u> 215) und schliesslich "Piktogramme"
wie <u>HH</u> 429 = *DANA*. Zeichen dieses Typs werden hier mit kursiven Kapitälchen
transkribiert. (Drucktechnische Schwierigkeiten bringen allerdings in
manchen Publikationen eine Abkehr von dieser aus der hethitischen Keilschriftphilologie übernommenen Umschriftpraxis.)

Wie in der Keilschrift, so kommen auch bei den Hieroglyphen spielerische
Schreibungen von Namen vor. So lautet der c h u r r i t i s c h e Name
des Grosskönigs Muwatalli auf den Siegeln <u>SBo</u> I 39-41 *SARRI-TESUB*^{pa} "Tešup
ist König", wobei das Zeichen <u>HH</u> 270 = <u>HH</u> 70 SUPER "oben" mit seinem
l u w i s c h e n Lautwert *šarri* - hethitisch hiesse das *šer* - gelesen
werden muss; vgl. H. NOWICKI in <u>Hethitica</u> V, pp. 111-118 (1983).

Wenn somit das Schriftsystem in seinen Grundzügen einigermassen durchschau-
bar ist, bleiben doch noch manche Fragen offen. Besonders bei der Fest-
legung des phonetischen Wertes der Silbenzeichen kann nur von Annäherung,
aber keineswegs von absoluter Genauigkeit die Rede sein. Es scheint zwar
keine eigentliche Polyphonie zu geben wie in der Keilschrift, wo ein und
dasselbe Zeichen bald als *pí*, bald als *kaš* gelesen werden muss oder wo in
einem anderen Fall der Leser zwischen *ši* und *lim* entscheiden muss. Dagegen
kann sehr wohl dasselbe Schriftzeichen das eine Mal als phonetisches
Zeichen und das andere Mal als Ideogramm dienen; gelegentlich werden dann
derartige Ideogramme noch durch allerlei untergesetzte Striche oder Häklein
oder Kreislein als solche gekennzeichnet, z.B. <u>HH</u> 100 = *ta* bzw. ASINUS
"Esel". Übrigens ist sehr oft der phonetische Wert eines Schriftzeichens
nach dem Prinzip der Akrophonie aus einem einstigen Ideogramm gewonnen
worden. So hat das Zeichen <u>HH</u> 160 = VINUM "Wein" den seltenen Lautwert *wi*,
weil das Wort für Wein mit *wi*- anlautete (geschrieben *wí-ia-ni-*); der Lautwert *pi* des Zeichens <u>HH</u> 66 dürfte auf eine ursprüngliche Ideogramm-Bedeu-
tung "geben" *(piia-)* zurückgehen.

Einigermassen sichere Lesungen bieten die phonetisch geschriebenen Namen
von Persönlichkeiten, die bereits aus der Keilschriftliteratur bekannt
sind, z.B. *Pu-tu-hé-pa* (Name einer hethitischen Königin). Für den Vokalismus ergeben sich daraus zwangsläufig nur die Vokale *a, i, u* und allenfalls
e; o fehlt also wie in der Keilschrift. Aus dem Vergleich mit dem Hethitischen ergibt sich auch, dass bei den Verschlusslauten nicht zwischen
stimmloser Tenuis und stimmhafter Media unterschieden werden kann; in der
Transkription beschränkt man sich daher auf die Tenues, also *pu* (und nicht
bu), ti (und nicht *di)* u.s.w..

Bei manchen Zeichen herrscht noch Unsicherheit hinsichtlich des Vokalismus.
Ziemlich deutlich sind die *u*-haltigen Silbenzeichen auszumachen, also *pu,
tu, ku* u.s.w.. Viele Zeichen, die in der Anfangszeit der Forschung mit dem
Vokal *a* gelesen wurden, haben sich inzwischen als *i*-haltig erwiesen, z.B.
HH 90 *(ti),* HH 174 *(si;* bei LAROCHE noch *sá)* oder HH 411 *(ni).* Bei einigen
Zeichen scheint in der Tat sowohl eine Lesung mit *a* als auch mit *i* möglich
zu sein; so kann das Zeichen HH 439 = *wa* in einigen Fällen auch *wi* gelesen
werden. (Der Akzent hat gar nichts mit der Aussprache zu tun; er dient nur
zur Unterscheidung von der Transkription *wi* des Zeichens HH 160.) In
ähnlicher Weise scheint dem Zeichen HH 172 neben dem Lautwert *ti* auch noch
der Lautwert ta_5 zuzukommen, und zumindest in älterer Zeit hatte auch das
Zeichen HH 391 = *mi* offensichtlich noch den Lautwert *ma.* Ganz sicher muss
man für das Zeichen HH 383, den sogenannten "Dorn", jenen kleinen schrägen
Strich, der unten an andere phonetische Zeichen angefügt werden kann,
sowohl den Lautwert *ra* als auch *ri* ansetzen und erst noch den rein konsonantischen Wert *r.* Auch andere Zeichen können - vor allem im Wortauslaut -
einen reinen Konsonanten wiedergeben, so HH 35 *(n),* HH 104 *(s̩),* HH 415 *(s)*
und HH 433 *(ś).* Im Wortinnern wurden offenbar ebenfalls manche Zeichen als
blosse Konsonanten "gemeint"; man muss also wie in andern vergleichbaren
Schriftsystemen (frühgriechisch Linear B, Keilschrift) gelegentlich mit
"stummen Vokalen" rechnen. So legen sprachvergleichende Gründe nahe, das
Wort für "Hand" ^{MANUS}*i-sà-tari-* als **istri-* zu verstehen = keilschr.-luw.
iśśari- und lyk. *izre-* (mit Schwund eines anlautenden Gutturals, wie der
Vergleich mit heth. *keśśera-* nahelegt). In der vorliegenden "Kleinen
Einführung" werden in Anlehnung an MERIGGI und damit im Widerspruch zur
strengen Systematik eines syllabischen Schriftsystems die Zeichen HH 415
und HH 433 gelegentlich auch im Wortinnern als reine Konsonantenzeichen
transkribiert. Damit nähern sich aber die heth. Hierogl. bereits einer
alphabetischen Schreibweise, und es ist nicht ganz auszuschliessen, dass

im 1. Jahrtausend v. Chr. die nordwestsemitische Buchstabenschrift, die ja ebenfalls in Nordsyrien und sogar in Kilikien in Gebrauch war (Aramäisch in Zincirli, Phönikisch in Karatepe!), einen gewissen Einfluss auf die hierogl.-luw. Schreibertradition ausübte. So scheint das Zeichen HH 450 nicht nur den Vokal á, sondern auch einen aleph-artigen Laut wiederzugeben.

Es ist klar, dass mit einem derartigen Schriftsystem keine eigentlichen Konsonantengruppen, wie sie im Wortinnern und teilweise am Wortanfang denkbar sind, geschrieben werden können. So wird ein inlautendes *n* vor Konsonant nicht geschrieben. Ob es in der Sprachwirklichkeit allenfalls nur als Nasalierung des vorausgehenden Vokals wirkte, lässt sich nicht sagen; vgl. die Akkusativwendung ^{FEMINA} *na-ti$_4$-n ta-ti-$^{(n)}$ha* (lat. *matrem patremque*) in der Karatepe-Inschrift, Satz III.

Eher ein Problem der Lautlehre als der Schrift ist der sog. Rhotazismus. In der Spätzeit, d.h. etwa im 8. Jahrhundert v. Chr., hat sich unter bestimmten Umständen ein zwischenvokalischer Dental, der in dieser Stellung offenbar stimmhaft geworden war, zu *r* gewandelt. Es war (und wäre) somit verfehlt, dem sog. "Dorn" (HH 383) auch noch die Lautwerte *ta*, *ti* und *t* zuzuteilen. Dagegen können aber in ein und derselben Inschrift durchaus Wortformen mit und solche ohne Rhotazismus vorkommen. Es ist möglich, dass sich der Rhotazismus in der damaligen Sprachstufe schon allgemein durchgesetzt hatte; die Schreibung mit den herkömmlichen Dentalzeichen wäre dann als historische Rechtschreibung zu verstehen.

Gerade im Zusammenhang mit dem Rhotazismus scheint übrigens die Zeichenkombination HH 209 + "Dorn" (HH 383) eher den Lautwert *ri* wiederzugeben als erwartetes *i+r* (*i+ra*, *i+ri*), vgl. HHL pp. 29-30, Abschnitt 4.2.1.3.

Manche Zeichen sind noch ungedeutet. Dazu gehört das ziemlich häufige Zeichen HH 378 = LITUUS. Ebenso unklar ist die Funktion des Zeichens HH 128 = AVIS "Vogel" im häufig vorkommenden Namen der Göttin Kupapa. Man möchte an eine ursprünglich rebus-artige Lesung *PAPA* denken; dem widerspricht aber die seltene Verwendung des Zeichens als Silbenzeichen *zi$_4$* (Transkription nach HHL).

DIE SPRACHE

Das Hierogl.-Luw. ist eine indogermanische Sprache und gehört zum sog. anatolischen Zweig der idg. Sprachenfamilie. Dafür sprechen ein paar leicht erkennbare anatolische Charakteristika wie satzverknüpfende Partikeln und Enklitika, die jeweils an das erste Wort des Satzes angehängt werden, das Zwei-Genus-System beim Nomen (genus commune und neutrum anstatt masc., fem. und neutr.) oder die Beschränkung auf zwei Tempora beim Verbum, nämlich Präsens und Präteritum.

Der wichtigste Vertreter dieses idg.-anatolischen Sprachzweiges ist natürlich das (Keilschrift-)Hethitische der Boğazköy-Texte. Als nächst verwandt mit dem Hierogl.-Luw. erweist sich allerdings das Keilschrift-Luwische, das man aus hethitisch redigierten Ritualtexten kennt; gewisse Sprüche innerhalb des betreffenden Rituals werden lu-ú-i-li "auf Luwisch" vorgetragen, wobei in der Regel auf diese Sprachbezeichnung der luwische Wortlaut folgt. Unsere Keilschr.-Luw.-Kenntnisse beruhen also auf einem ziemlich einseitigen Textmaterial.

Als typische "Luwismen" des Hierogl.-Luw. lassen sich etwa die Vorliebe für i-Stämme beim Nomen, Pluralbildungen auf -(n)zi ebenfalls beim Nomen, der Stamm za- für ein Demonstrativpronomen, die Bildung des part. perf. pass. auf -mi- oder einige Wortstämme wie tati- "Vater" (im Gegensatz zu heth. atta-) namhaft machen.

Weniger leicht ist die Frage zu beantworten, ob und worin sich das Hierogl.-Luw. vom Keilschr.-Luw. unterscheide. So hat anscheinend das Keilschr.-Luw. in der Nominalflexion den Genetiv aufgegeben (und durch Zugehörigkeitsadjektive ersetzt, also "das väterliche Haus" anstatt "das Haus des Vaters"), während in der Nominalflexion des Hierogl.-Luw. Formen vorkommen, die sich zwanglos als Genetive erklären lassen. Dabei ist allerdings zu berücksichtigen, dass unsere Kenntnis der hierogl.-luw. Grammatik vorwiegend von den Inschriften des 9. und des 8. Jahrhunderts v. Chr. stammt. Inschriften des 2. Jahrtausends v. Chr. sind nämlich überwiegend rein ideographisch geschrieben. Immerhin weist der Beginn der Inschrift Aleppo 1 mit den beiden Zeichen HH 376 und HH 209 auf eine luwische Umgebung, ob man nun das erste Wort als zi-i oder als za-ia lesen will - die differenzierenden Zeichen $\underline{HH}$ 210 und $\underline{HH}$ 377 wurden erst im 1. Jahrtausend v. Chr. entwickelt -: das Wort gehört sicher zum Stamm des Demonstrativpronomens *za-*. Und "luwisierend" ist natürlich auch die bereits oben erwähnte hierogl. Schreibung des Namens *SARRI-TESUB*^{pa} (= Muwatalli).

Die Erforschung der kleinasiatischen Sprachen im Verlauf der letzten Jahrzehnte hat ausserdem gezeigt, dass auch das L y k i s c h e , das wir aus Inschriften des 5. und 4. Jahrhunderts v. Chr. sowie von Münzenaufschriften kennen, welche in einem modifizierten griechischen Alphabet geschrieben sind, in sehr naher Verwandtschaft zum Keilschr.-Luw. und zum Hierogl.-Luw. steht und somit auch dem anatolischen Zweig des Indogermanischen zuzurechnen ist. Die Verwandtschaftsverhältnisse der anatolischen Sprachgruppe lassen sich somit etwa in folgendem Stammbaum schematisch darstellen:

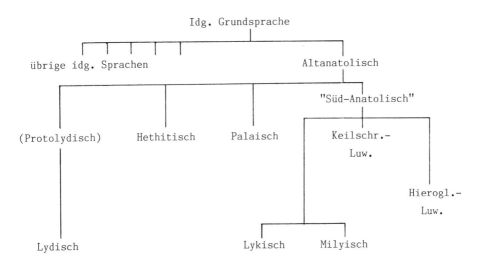

Eine detaillierte Studie über Die Gliederung des anatolischen Sprachgebietes lieferte Norbert OETTINGER in $\underline{KZ}$ XCII pp. 74-92 (1978), der das Palaische näher zum "Süd-Anatolischen" (von ihm "Urluwisch" genannt) stellt und überhaupt alle im Stammbaum erwähnten Sprachen - auch das Lydische! - mit Ausnahme des (Keilschrift-)Hethitischen zu einer "urwestanatolischen" Gruppe zusammenfasst.

M i l y i s c h , auch Lykisch B genannt, ist ein in Einzelheiten etwas altertümlicherer Dialekt des Lykischen, der nur in wenigen Inschriften bezeugt ist. Ob und wie das K a r i s c h e und die kaum bezeugten

Sprachen P i s i d i s c h und S i d e t i s c h hier noch anzu-
schliessen wären, lässt sich beim gegenwärtigen Stand von gesicherten
Erkenntnissen nicht entscheiden. Bestimmt aber gehört die Sprache der wohl
nach 1200 v. Chr. vom Balkan her eingewanderten P h r y g e r nicht zur
(alt)anatolischen Sprachengruppe.

Zum Lydischen und Lykischen vgl. die entsprechenden Kapitel von Alfred
HEUBECK und Günter NEUMANN im Handbuch Altkleinasiatische Sprachen (s.
Einführende Bibliographie). Einen neuen Impuls hat die Erforschung der
lykischen Sprache durch den Ende August 1973 erfolgten sensationellen Fund
einer aramäisch-griechisch-lykischen Trilingue aus dem 4. Jahrhundert v.
Chr. im Letoon bei der einstigen lykischen Hauptstadt Xanthos erhalten.

Auf eine mögliche hierogl.-luw.-sidetische Wortgleichung hat Heiner EICHNER
in den Münchener Studien zur Sprachwissenschaft Heft 45, pp. 5-21 (1985)
hingewiesen.

KURZGEFASSTE GRAMMATIK

I. Zur Lautlehre

Nach dem, was oben im Abschnitt über die Schrift und über die Transkription der phonetischen Zeichen dargelegt wurde, ist es praktisch kaum möglich, von einer hierogl.-luw. "Lautlehre" zu sprechen.

1.1 Bei den Vokalen können wir mit leidlicher Sicherheit die Laute *a*, *i* und *u* unterscheiden. Das Zeichen HH 215 *(há)* vertritt gelegentlich auch die Silbe *hé* in den Königinnennamen *Pu-tu-hé-pa* und *Tà-nú-hé-pa* auf Siegeln aus Boğazköy und Ras Schamra. LAROCHE erkannte zudem schon früh, dass dem Zeichen HH 209 *(i)* da und dort auch der Lautwert *e* zukomme, z.B. im Namen *I-ni-TESUB^{pa}* auf Ras Schamra-Siegeln, der keilschr. als *Eni-Tešub* überliefert ist. Auch in den Personennamen *I-si-ka+r-ti-s-pa-s* oder *Ia-hi-la-ti-s-pa-s* (Karkemisch) steckt wohl das Element *-tešub-*, so dass wir ganz allgemein annehmen müssen, dass sich der Vokal *e* öfters hinter den traditionellen *i*-Transkriptionen versteckt.

Da unsere Umschriften ganz allgemein auf keilschriftlichen Entsprechungen beruhen, ist natürlich kein Vokal *o* nachzuweisen. Interessanterweise fehlt aber auch dem Lykischen der Vokal *o*.

1.2 Verhältnismässig häufig kommen sog. Plene-Schreibungen vor; das heisst: auf ein offenes Silbenzeichen folgt noch das entsprechende Vokalzeichen. Damit soll aber nicht etwa ein Langvokal ausgedrückt werden, sondern wir haben nebeneinander Schreibungen wie *á-mu* / *á-mu-u* "ich" oder enklitisches *-mu* / *-mu-u* "mir, mich", ferner *tá-ti-s* / *tá-ti-i-s* "Vater" (nom. sing.), *sa-ni-ti* / *sa-ni-i-ti* "er beseitigt" und schliesslich *ta_6-nu-há* / *ta_6-nú-há-á* "ich liess errichten" oder *à-ś-ta* / *á-s-ta-à* "er war". Pleneschreibungen kommen besonders häufig am Wortende vor.

1.3 In manchen Fällen wechselt *-u-* mit *-uwa-*; so findet man neben dem eben zitierten *ta_6-nú-há(-á)* auch Schreibungen wie *ta-nú-wa-há* oder nebeneinander in Karatepe ^{SOLIUM}*i-sà-nu-wa-há* und ^{SOLIUM}*i-sà-nú-ha* "ich machte sitzen, ich liess sich setzen". Andrerseits wird in Texten der Grossreichszeit der Name des Königs Muwatalli nur *Mu-tà-li* geschrieben, wobei das *mu* allerdings noch als Quasi-Ligatur aus den Zeichen HH 105 und 391 zusammengesetzt ist.

Oder war überhaupt *MUWA* die ursprüngliche Lesung des Zeichens H̲H̲ 107 (wofür auch die grossreichszeitliche hierogl. Schreibung von Personennamen mit -*MUWA* als Hinterglied zu sprechen scheint), und ist der phonetische Wert *mu* daraus durch Akrophonie gewonnen worden? Vgl. das oben pag. 13 zum Zeichen H̲H̲ 66 = *pi* Gesagte.

1.4 Von einem Wechsel zwischen -*i*- und -*iia*- (-*iya*-) entsprechend dem Wechsel -*u*- und -*uwa*- kann allerdings nicht die Rede sein. Dagegen gibt es den Diphtong *ai* als Endung für einige Verbalformen der 3. sing. praes., z.B. *i-zi-i-s-ta-i* "er verehrt" oder *pi-ia-i* "er gibt", Formen also, die an die 3. sing. praes. der heth. *hi*-Konjugation erinnern (*dāi* "er nimmt" oder "er legt", *pāi* "er gibt", *memai* "er spricht" u.s.w.).

1.5 Im Gegensatz zur Keilschrift scheint es nicht möglich zu sein, mit der Hierogl.-Schrift Doppelkonsonanten wiederzugeben.

1.6 Der exakte phonetische Wert der Zeichen H̲H̲ 376 = *zi* und H̲H̲ 377 = *za* ist kaum auszumachen. In vielen Fällen, z.B. beim Demonstrativpronomen *za*- oder bei den Pluralendungen auf -(*n*)*zi*, ergibt sich eine Entsprechung zum Keilschr.-Luwischen. In anderen Fällen möchte man eher an eine Lautung *-ssi*- oder *-ssa*- denken, so im Verbalstamm *izi*- "machen", der an heth. e̮šša- "schaffen, wirken" denken lässt.

1.7 Das Zeichen H̲H̲ 450 scheint nicht in allen Fällen den Vokalwert *à* zu repräsentieren, sondern im Auslaut entweder einen aleph-artigen Laut darzustellen oder einfach das Wortende zu markieren, vgl. H̲H̲L pag. 24, Abschnitt 3.4. Andrerseits können anlautende *à*- und *á*- (H̲H̲ 19) in einigen Wörtern auch weggelassen werden (LAROCHE: "alternent avec zéro"), so im satzeinleitenden *awa* (wobei die Kurzform *wa* fast immer noch mit irgendwelchen Enklitika verbunden wird) oder im Possessivpronomen *ami*- / *mi*- "mein" oder im Demonstrativpronomen *apa*- / *pa*- "der da, das da". Auch im Ortsnamen Adana der Karatepe-Inschriften liegt ein derartiges "flüchtiges" Anlaut-*a* vor; denn die phönikische Fassung schreibt nur *d n n* (*y m*).

1.8 Schon BOSSERT versuchte, bei einigen Verschlusslauten zwischen Tenues und Mediae zu unterscheiden; er gelangte jedoch nicht zu einer evidenten Lösung. Die ziemlich zahlreichen phonetischen Zeichen für Silben mit Dental im Anlaut (*ta*, *tá*, *tà* u.s.w.) lassen aber eine solche Möglichkeit durchaus offen; eventuell wird durch einen Vergleich mit dem auch immer besser erschlossenen Lykischen sich eines Tages eine Lösung anbieten.

II. Satzeinleitende Partikel und Enklitika

2.1 Ein Charakteristikum der idg.-altanatolischen Sprachen ist die ziemlich obligatorische Verwendung von satzverknüpfenden Konjunktionen sowie von satzeinleitenden Partikeln und Enklitika, welche jeweils an das erste Wort des Satzes angehängt werden.

2.2 Zur Verbindung ganzer Sätze dient die Konjunktion *awa* oder in "flüchtigerer" Form *wa*. Sie verbindet gleichgeordnete Sätze, kommt jedoch nicht zu Beginn eines Textes vor.

2.2.1 *awa* steht häufig allein; doch kommen auch Formen mit enklitischem Pronomen vor wie *awa-(a)s* "(und) er", *awa-(a)n* "(und) ihn" oder *awa-tu* "(und) ihm".

2.2.2 *wa* erscheint fast nur mit angehängten Enklitika, z.B. *wa-mu* "(und) mir" oder *wa-tu* "(und) ihm".

2.3 Die häufigsten satzverknüpfenden enklitischen Partikel sind *-ha* und *-pa*. Sie stehen an erster Stelle hinter dem ersten Wort des neuen Satzes und schliessen einander aus. In Sätzen, die mit *awa* oder *wa* beginnen, steht niemals *-ha* oder *-pa*.

2.3.1 *-ha* bedeutet "und" und verbindet nicht nur Sätze, sondern auch einzelne Satzteile wie das lat. *-que*.

2.3.2 *-pa* hat etwa die Bedeutung von lat. *autem* oder griech. $\delta\acute{\epsilon}$.

2.4 In nächster Position, d.h. direkt hinter *-ha* oder *-pa*, sofern eine dieser Partikeln vorkommt, steht das enklitische *-wa*, das in fortlaufenden Texten der späteren Zeit fast durchwegs in jedem Satz erscheint, sofern er nicht schon mit *awa* oder *wa* eingeleitet ist. Ein formaler Zusammenhang mit der gleichlautenden Partikel der zitierten Rede im Hethitischen ist sehr wahrscheinlich; aber das hierogl.-luw. *-wa* hat nicht dieselbe Funktion, obwohl man geltend machen kann, die Texte seien ja immer "sprechend" im Sinne ihres Verfassers redigiert.

2.5 In nächster Position stehen enklitische Personalpronomina; vgl. dazu unten pag. 31, Abschnitt 4.1.2.

<u>2.5.1</u> Am häufigsten und am leichtesten zu erkennen sind *-mu* "mir, mich", eventuell auch "ich" (nom.) = *-(a)mu*, und *-tu* "ihm" (dat.).

<u>2.5.2</u> Daneben existieren noch die Quasi-Reflexivformen *-mi* für die 1. sing. und *-ti* für die 3. sing.. Die Funktion dieser Enklitika ist nur selten reflexiv im eigentlichen Sinn; häufiger dienen sie als eine Subjektsverstärkung. Vgl. den Beginn von zahlreichen Inschriften: *AMU-mi* oder *AMU-wa-mi* "ich ⟨bin⟩".

<u>2.5.3</u> Für die 3. sing. gibt es noch die enklitischen Pronominalformen *-as* "er" und *-an* "ihn".

<u>2.5.4</u> Schwierig zu erkennen sind Fälle von Kombinationen mehrerer enklitischer Pronomina. MERIGGI und schon vor ihm HROZNY analysierten Schreibungen wie *wa-ma-s* als *wa-m(u)-as* "und mir...er" oder *wa-ma-n* als *wa-m(u)-an* "und mir...ihn".

<u>2.6</u> An letzter Stelle einer Enklitikakette kann *-ta* stehen, das natürlich mit dem keilschr.-luw. *-tta* identisch ist und ungefähr dem heth. *-kán* (Ortsbezugspartikel bei Verben der Bewegung) oder *-šan* entspricht. Vgl. etwa hierogl.-luw. *wa-mu-ta* mit heth. *nu-mu-kán* oder hierogl.-luw. *wa-tu-ta* mit heth. *nu-šši-kán*.

<u>2.7</u> Gelegentlich versteckt sich hinter dem enklitischen *-ta* aber auch ein enklitisches Pronomen *-ata* "es, sie" (nom./acc. sing. neutr. und nom./acc. plur. sowohl neutr. als auch genus commune!), z.B. in *-pa-wa-ma-ta* = *-pa-wa-m(u)-ata* "(aber) mir...es/sie"; vgl. Karatepe-Inschrift, Satz XXII: *á-mu-pa-wà-ma-tà* $^{(I)}$*A+* LITUUS *-za-ti-wa-tà-ś* ^{PES}*pa-tà-*$^{(n)}$*za* INFRA-*na-n* PONERE-*ha* "Ich aber, Azatiwata, legte s i e m i r unter die Füsse" (HAWKINS: "and I Azatiwatas put them under my feet").

<u>2.8</u> Häufige Partikelketten sind also etwa *-ha-wa-ta* oder *-pa-wa-ta* oder mit enklitischem Personalpronomen *-pa-wa-mu-ta*.

III. Formenlehre der Substantive und Adjektive

3.1 Die Deklination der Substantive und Adjektive zeigt, wie zu erwarten, manche Entsprechung zum Hethitischen und vor allem zum Keilschr.-Luwischen.

3.1.1 Das Hierogl.-Luw. unterscheidet zwei Genera, nämlich das genus commune (= masc. und fem.) und das genus neutrum.

3.1.2 Es hat zwei Numeri, nämlich Singular und Plural.

3.1.3 Es lassen sich – deutlich allerdings nur im Singular – fünf Kasus ausmachen: Nominativ, Akkusativ, Genetiv, Dativ-Lokativ und Ablativ-Instrumentalis. Im Plural zeigt ausser dem Nominativ und dem Akkusativ, die übrigens gleich lauten, noch der Dativ eine eigene Form. Ein sicherer Genetiv des Plural lässt sich nicht nachweisen, und für den Ablativ der Mehrzahl wird die Singularform gebraucht, vgl. die Wendung ^{d}TONITRUS-*hu(n)-tati* DEUS-*natiha* "durch Tarhunt und die (anderen) Götter".

3.2 Nach dem Auslaut der Nominalstämme unterscheidet man zwischen konsonantischen Stämmen und vokalischen Stämmen. Von letzteren gibt es *a*-Stämme, *i*-Stämme (im Hierogl.-Luw. besonders häufig) und *u*-Stämme (eher selten).

3.3 Für die Bildung von Substantiven und Adjektiven spielt die Zusammensetzung oder Komposition eine ganz untergeordnete Rolle. Viel wichtiger ist die Wortbildung durch Ableitung mit Hilfe von Suffixen.

3.3.1 Es ist möglich, aber durchaus nicht sicher, dass sich Komposita ("zusammengesetzte Wörter") hinter zusammengesetzten Ideogrammen verstecken, z.B. DEUS.DOMUS "Haus Gottes" = "Tempel" oder FLUMEN.REGIO "Land des Flusses" = "Tal(schaft)". Ein sicheres Kompositum liegt wohl in der Schreibung REGIO-*ni*-DOMINUS- "Landesherr" vor.

3.3.2 Die wichtigsten Wortbildungssuffixe sind *-asi-* / *-isi-* (Zugehörigkeitsadjektive), *-wani-* (Ethnika), *-za-* (ebenfalls vorwiegend Ethnika), *-li-* (z.B. ANNUS-*li* "jährlich") und *-mi-* (part. perf. pass.).

3.3.2.1 Eine häufige Wortbildung mit Suffix liegt in den Zugehörigkeitsadjektiven auf *-asi-* und *-isi-* vor, die zu Appellativa und zu Eigennamen

gebildet werden können, z.B. ^{d}*Karhuhasi-* "zur Gottheit Karhuha gehörig"
oder REGIO-*nisi-* "zum Land gehörig" oder das Possessivpronomen *apasi-*
"sein" zu *apa-* "der da, die da, das da" bzw. einfach "er, sie, es".

<u>3.3.2.2</u> Ethnika, von Ortsnamen abgeleitet, werden gerne mit dem Suffix
-wani- gebildet, z.B. *Imatuwani-* "von Hamath", *Halpawani-* "von Aleppo"
oder *Haranawani-* "von Harran".

<u>3.3.2.3</u> Ethnika können aber auch mit dem Suffix *-za-* gebildet werden,
z.B. *Karkamisiza-* "von Karkemisch" oder *Adanawaza-* "von Adana". Der hierogl.-luw. Ortsname lautet nämlich *Adanawa-*; das ebenfalls vorkommende
Ethnikon *Adanawani-* ist wohl als Haplologie für **Adanawa-wani-* zu verstehen.

<u>3.3.2.3.1</u> Ein *-za-*Stamm liegt auch vor im Wort für "Sohn": *nimuwiza-*,
sofern das die vollständige Wortform darstellt (somit ^{INFANS}*nimuwiza-*
zu transkribieren und nicht INFANS-*nimuwiza-!*). Versteckt sich hinter
der Schreibung INFANS-*niza-* "Sohn" ein anderes Wort oder ist das eine
Art familiensprachlicher Kurzform für *nimuwiza-*, also ^{INFANS}*niza* zu
transkribieren?

<u>3.4</u> Angesichts der doch beschränkten Anzahl von hierogl.-luw. Sprachdenk-
mälern und der immer noch bestehenden Unsicherheiten in der Deutung
grösserer Textstücke ist es unmöglich, vollständige Deklinationsparadigmen
vorzulegen. Die einzelnen Flexionsformen werden daher durch möglichst
evidente Beispiele belegt.

3.4.1 Deklination der *a*-Stämme

nom. sing. comm. -*as*: INFANS*nimuwizas*, ^d*Karhuhas*,
^I*Arpas*, ^{⟨I⟩}*Azatiwatas*, ^I*Katuwas*,
^I*Warpalawas*, *Nikimas*^{REGIO}

Gelegentlich vertritt auch die blosse Stammform ohne auslautendes -*s* den
nom. sing. comm., z.B. ^{⟨I⟩}*Urhilina*.

acc. sing. comm. -*an*: *alan* "den (geweihten) Stein",
Adanawan^{URBS}

gen. sing. -*as*: ^{⟨I⟩}*Partas*, ^{⟨I⟩}*Urhilinas*

dat. sing. -*aia*: ^d*Karhuhaia*, *Adanawaia*^{URBS}
aber auch nur -*a*: *Karkamisiza*^{URBS} "dem....von Karkemisch"

abl. sing. -*ati*: ^d*Karhuhati*

nom./acc. sing. neutr. -*aza*: CASTRUM*harnisaza* "Befestigungsanlage,
Festung"

nom./acc. plur. comm. -*a(n)zi*: ^{HUHA}*huha(n)zi* "Grossväter",
"255"*karuna(n)zi* "die Speicher, die
Vorratshäuser"

nom./acc. plur. neutr. -*a*: CASTRUM*harnisa* "Festungen",
katina "Schale(n)" (sog. plurale
tantum?),
DEUS.DOMUS-*ta* "Tempel" (ebenfalls
plurale tantum?)
aber auch -*aia*: OMNIS^{mi}-*ma-ia* (= *tanamaia*)
^{BONUS}*sanawaia* = lat. *omnia bona* "alles
Gute"

28

3.4.2 Deklination der *i*-Stämme

nom. sing. comm.   *-is:*   *ataris* "das Denkmal",

                                    mitis "der Diener",

                                    putitis "der Verehrer",

                                    [I]*Kamanis*, ⟨I⟩*Saruwanis*

Gelegentlich vertritt auch die blosse Stammform ohne auslautendes *-s* den nom. sing. comm., z.B. *mí-ti* "der Diener" oder *Imatuwani*[REGIO] "der....von Hamath".

acc. sing. comm.   *-in:*   *tatin* "den Vater",

                                      [I]*Kamanin*

gen. sing.   *-isi/-is:*   [I]*Suhisi* "des S.",

                                    [I]*Iariris* "des I.",

                                    [I]*Tuwatis* "des T."

dat. sing.   *-iia/-i/-an(!):* [d]*Pahalatiia*, *tati* "dem Vater"; die Form auf *-an* ist vor allem bei *-asi*-Ableitungen belegt, z.B. *apasan* É-*ni* "für sein Haus".

abl. sing.   *-iti:*   FEMINA-*ti-i-ti* = **natiti* "durch die Mutter, durch die Frau"

nom./acc. sing. neutr. *-iza:*   *waniza* "Stele, Orthostat"

nom./acc. plur. comm. *-i(n)zi:*   *tati(n)zi* "Väter",

                                    REX-*ti(n)zi* "Könige",

                                    Halpawani(n)zi[URBS] "(die) Leute von Aleppo"

dat. plur.   *-a(n)za:*   REX-*ta(n)za* "für die Könige"

aber auch   *-i(n)za?*

abl. plur.   *-ati:*   DEUS-*nari* (mit Rhotazismus!) "durch die Götter"

nom./acc. plur. neutr. *-a/-aia/-iia?*

3.4.3 Deklination der u-Stämme

Einigermassen deutlich sind etwa folgende Flexionsformen zu erkennen:

nom. sing. comm.   -us: ^{I}*Astiwasus*, $^{\langle I \rangle}$*Awarikus*

acc. sing. comm.   -un: SCALPRUM-*sun* "die Skulptur, die Säule"

dat. sing.   -uwi: *asuwi* "dem Pferd"

abl. plur.(?)   -uwati: SCALPRUM-*suwati* "von den Skulpturen, von den Säulen"

3.4.4 Konsonantische Deklination

Konsonantische Nominalstämme sind im Hierogl.-Luw. oft nur sehr schwer zu erkennen, da viele Kasusendungen mit denen von a- oder i-Stämmen homonym sind. Als Beispiel diene die Deklination des Gottesnamens *Tarhu(n)t-*:

nom.   *Tarhu(n)zas*

acc.   *Tarhu(n)zan* (man würde **Tarhu(n)tan* erwarten!)

gen.   *Tarhu(n)tas* und *Tarhu(n)tis* (nach den i-Stämmen?)

dat.   *Tarhu(n)ti*

abl.   *Tarhu(n)tati*

Ein gen. sing. eines konsonantischen Stammes liegt wohl auch in ^{d}*Marutikas* "des Marduk" vor.

Ein nom./acc. plur. neutr. scheint in Formen wie *parni* "Häuser" oder *surni* "Hörner" vorzuliegen.

3.4.5 Unregelmässigkeiten

<u>3.4.5.1</u> Es scheint auch diphtongische Nominalstämme zu geben, z.B. [I]*Tuwar-sais* und vielleicht FLUMEN.REGIO-*tais* "die Talschaft".

<u>3.4.5.2</u> Der schwierig zu deutende nom./acc. sing. neutr. *tarusa* "Bild" findet offenbar seine Entsprechung im Keilschr.-Luwischen, s. <u>HHL</u> pag. 33.

<u>3.4.5.3</u> Unsicherheiten bestehen beim Substantiv "Herr". Der nom. sing. lautet häufig DOMINUS-*nanis*; daneben aber findet sich auch der nom. sing. DOMINUS-*ias*, vor allem in der Verbindung REGIO.DOMINUS-*ias* "Landesherr".

<u>3.4.5.4</u> (Bibliographischer Nachtrag)
Zu den Formen des dat. sing. auf -*an* (oben Abschnitt 3.4.2) vgl. Hermann MITTELBERGER in <u>Die Sprache</u> IX, pp. 90-91 (1963) und vor allem Anna MORPURGO-DAVIES in <u>An.St.</u> XXX pp. 123-137 (1980).

IV. PRONOMINA

Auch bei den Pronomina beschränkt sich die Darstellung bewusst auf die Nennung leidlich sicher erkennbarer Formen.

4.1 Personalpronomina

Vgl. Manuale I, pp. 45–53 und HHL pp. 36–37, Abschnitt 4.3.2.

4.1.1 Betonte Formen:

   amu "ich", seltener auch "mir" (dat.)

   (a)pas "er, sie (fem.)" s. Demonstrativpronomina

4.1.2 Enklitische Formen:

   -mu "ich, mich, mir", *-tu* "ihm"

   -as "er, sie (fem.)" (nom. sing. comm.)

   -an "ihn, sie" (acc. sing. comm.)

   -ata "es, sie" (nom./acc. sing. neutr. und plur. comm./neutr.)

Dazu das sog. Reflexivpronomen *-mi* (1. sing.) und *-ti* (3. sing.). Vgl. schon oben pp. 23–24, Abschnitte 2.5 bis 2.7.

4.2 Possessivpronomina

4.2.1 *(a)mi-* "mein" wird als *i*-Stamm dekliniert, zeigt aber folgende Flexionsformen:

   abl. sing.   *amiiati*

   dat. plur.   *amiia(n)za*

   nom./acc. sing. neutr.   *amaza*

   nom./acc. plur. neutr.   *ama*

4.2.2 *(a)pasi-* "sein" wird als *i*-Stamm dekliniert.

4.2.3 Nur in ganz wenigen Formen nachzuweisen sind *tuwi-* "dein", *a(n)zi-* "unser" und *u(n)zi-* "euer".

4.3 Demonstrativpronomina

4.3.1 *za-* "dieser, folgender"

nom. sing. comm.	*zas*
acc. sing. comm.	*zan*
gen. sing.	*zasi*
dat. sing.	*zati*
nom./acc. sing. neutr.	*za*
nom./acc. plur. comm.	*za(n)zi*
dat. plur.	*zatiia(n)za*
nom./acc. plur. neutr.	*zaia*

4.3.2 *apa-* "der da, besagter, er", oft auch ohne anlautendes *a-*, also nur *pa-*.

nom. sing. comm.	*apas*
acc. sing. comm.	**apan*
gen. sing.	*apas* und *apasi*
dat. sing.	*apati*
nom./acc. sing. neutr.	*apa*
nom./acc. plur. comm.	*apa(n)zi*
dat. plur.	*apata(n)za*
nom./acc. plur. neutr.	*apaia*

(a)pas....(a)pas = lat. *alius....alius* "der eine....der andere"

4.4 Relativpronomen

Wird immer mit dem Ideogramm <u>HH</u> 329 geschrieben.

    nom. sing. comm.   "rel."-*is*

    acc. sing. comm.   "rel."-*in*

    dat. sing.   "rel."-*ati*

    nom./acc. sing. neutr.   "rel."-*aza*

    nom./acc. plur. comm.   "rel."-*i(n)zi*

    nom./acc. plur. neutr.   "rel."-*ia*

Als Verallgemeinerung kommt vor "rel."-*is ima* "rel."-*is* "wer auch immer,
welcher auch immer", vgl. keilschr.-heth. *kuiš imma kuiš.*

4.5 Indefinitpronomen

"rel."-*isha* "jemand" bzw. in Kombination mit einer Negation "niemand".

V. Verben

5.1 Die im Ganzen etwas einseitige Textgattung des Hierogl.-Luw. lässt nur wenige Verbalformen mit Sicherheit erkennen. Offenbar bestehen ähnliche Verhältnisse wie im Hethitischen; es gibt also keinen Dual, nur zwei Zeiten und zwei Modi (Indikativ und Imperativ). Sichere Formen eines Medio-Passivs fehlen; dagegen gibt es Hinweise auf die Existenz zweier Konjugationsklassen, vergleichbar dem heth. Nebeneinander von *mi*- und *hi*-Konjugation.

5.1.1 Das Hierogl.-Luw. kennt zwei Tempora, nämlich Präsens, das auch futurische Bedeutung haben kann, und Präteritum.

5.1.2 Neben dem Indikativ existiert, zum mindesten für einige Personen, noch ein Imperativ.

5.1.3 Da im Hierogl.-Luw. ein *n* vor Konsonant nicht geschrieben wird, kann die 3. plur. praes. auf *-(a)nti* und die 3. plur. praet. auf *-(a)nta* meistens gar nicht von den entsprechenden Einzahlformen auf *-ti* und *-ta* unterschieden werden.

5.2 Übersicht über die einigermassen sicher erkennbaren Flexionsendungen:

praes. sing. 1. *-wi*:   *iziwi* "ich mache", *tanuwawi* "ich lasse auf-richten"

2. *-si*:   VIA–*wanisi* "du sendest"

3. *-ti*:   *asti* "er ist", *saniti* "er beseitigt"

plur. 2. *-tani*:   *astani* "ihr seid", MAGNUS+*ra-nu-wa-ta-ni-i* "ihr werdet gross machen"

3. *-(a)nti*?

praet. sing.   1. *-ha:*   *hwizaha* "ich meisselte", *iziha* "ich machte",
                             makisha "ich vernichtete", *taha* "ich nahm",
                             tanuha "ich liess aufrichten"

              3. *-ta:*   *asta* "er war", *izita* "er machte", *tuta* "er
                             stellte auf"

     plur.   3. **-(a)nta:* *iziia(n)ta* "sie machten"

imperativ sing.   2. ohne Endung: ^{VIA}*harwani* "sende!"
                 3. *-tu:*   *usnuwatu* "er soll erhöhen"
         plur.   3. **-(a)ntu:*   *iziia(n)tu* "sie sollen machen"

5.2.1 Für mögliche weitere Personalendungen s. Anna MORPURGO-DAVIES in
<u>KZ</u> XCIV pp. 86-108 (1980).

5.3 Eine 3. sing. praes. auf *-(a)i* findet sich in Formen wie *pi-ia-i*
"er gibt" oder *i-zi-s-ta-i* "er verehrt", vgl. oben pag. 22, Abschnitt
1.4.

5.4 Ein part. perf. pass. wird mit der Endung *-mi-* gebildet, z.B.
tanuwami- "aufgerichtet" oder *á*+LITUUS-*za-mi-i-s* "der geliebte".

5.5 Innerhalb der verschiedenen hier nicht näher behandelten Verbalstämme
hebt sich deutlich die Gruppe mit dem Stammsuffix *-nu(wa)-* heraus; in
der Regel handelt es sich dabei um Kausativa wie *tanu(wa)-* "aufrichten
lassen" oder ^{SOLIUM}*isanu(wa)-* "sich setzen lassen, einsetzen".

VI. ADVERBIEN, POSTPOSITIONEN, PRAEVERBIEN UND KONJUNKTIONEN

6.1 An A d v e r b i e n sind etwa zu nennen:

BONUS_sanawa_ "gut", lat. _"bene"_ zum Adjektiv _sanawa-_,

zati "hier, bei dieser Gelegenheit" (homonym zum dat. sing. des Demonstrativpronomens),

zin...zin "einerseits...andrerseits".

6.2 Beispiele für P o s t p o s i t i o n e n :

SUPER-_a_ mit acc. "über" in DEUS.DOMUS-_tà_ SUPER-_à_ "über den Tempel" (DEUS.DOMUS-_tà_ ist eigentlich ein nom./acc. plur. neutr.; aber wahrscheinlich handelt es sich um ein sog. Plurale tantum.),

*_anda_ mit dat. "in", z.B. TERRA_tasahwiri a(n)ta_ "im Lande",

VERSUS-_ian_ mit dat. "in Richtung, nach", z.B. OCCIDENS_i-pa-mi_ VERSUS-_ia-n_ "nach Westen".

6.3 P r ä v e r b i e n sind die häufigen *_anda_ "hinein" und _arha_ "weg", wobei die ursprüngliche Bedeutung gelegentlich nicht mehr durchscheint, z.B. _arha_ "178"-_nu-_ "gedeihen lassen".

Weitere Beispiele:

SUPER+_r-ta_ "darüber", z.B. SUPER+_r-ta izi-_ "dazu tun, dazufügen",

INFRA-_na_ "mit, unter", aber INFRA-_na izi-_ "zukommen lassen, zuteil werden lassen".

6.4 Nebensatzeinleitende (subordinierende) K o n j u n k t i o n e n sind etwa:

kuman "als, während, solange"

"rel."-_i_ "wenn" (?)

"rel."-_pa-wa_ "während, wobei" oder ähnlich

"rel."-_za_ "obwohl" (?)

VII. Bemerkungen zur Syntax

7.1   Zur Kongruenz

7.1.1   Attribute scheinen im allgemeinen mit ihrem zugehörigen Nomen übereinzustimmen; ebenso richten sich Prädikate nach dem Subjekt. Genauere Feststellungen lässt der gegenwärtige Wissensstand kaum zu. So können bei den Verbalformen der 3. Person Singular und Plural praktisch gar nicht unterschieden werden, vgl. oben pag. 34, Abschnitt 5.1.3.

7.1.2   Ob wirkliche Inkongruenzen wie im Hethitischen vorkommen, ist vorläufig kaum auszumachen. So wurde oben pag. 27, Abschnitt 3.4.1 die Form *katina* "Schale(n)" als nom./acc. plur. neutr. gedeutet; das Wort kommt auf den beiden Steinschalen aus Babylon vor hinter dem Demonstrativum *zaia*. Aber irgendwie stört die Pluralform; man erwartet eigentlich einen acc. sing.; ^{SCALPRUM}*ka-ti-n* als acc. sing. comm. zu einem Stamm *kati-* würde erst noch der "normalen" Verwendung des Zeichens HH 35 im Wortauslaut entsprechen. Ist also das Demonstrativum *zaia* "fehlerhaft" anstelle von korrektem *za(n)?*

Als "Inkongruenz" mag man auch die Verwendung des enklitischen Personalpronomens *-ata* erklären (oben pag. 31, Abschnitt 4.1.2), das im Plural anscheinend als nom. und acc. sowohl für das genus neutrum als auch für das genus commune dient.

7.2   Zum Kasusgebrauch

7.2.1   Der Dat.-Lok. dient auch zur Zeitbestimmung, z.B. *amiia(n)za-ha-wa* ^{DIES}*hali(n)za* "und in meinen Tagen".

7.2.2   Wie das Hethitische, so kennt auch das Hierogl.-Luw. die partitivische Akkusativ-Apposition ($\sigma\chi\tilde{\eta}\mu\alpha$ $\kappa\alpha\vartheta$ ' ὅλον καὶ κατὰ μέρος, arabisch *Badal*): vom Verb hängen zwei Akkusativ-Objekte ab, deren erstes ein Ganzes und deren zweites einen von der Handlung betroffenen Teil dieses Ganzen ausdrückt: *á-mu-pa-wa-n za-ti* ^{MANUS}*i-sà-tari-n* CAPERE-há "ich aber habe ihn hier(?) die Hand genommen"="ich habe ihn bei der Hand genommen".

7.3 Befehle und Verbote

7.3.1 Befehle und Wünsche werden durch Imperativ-Formen ausgedrückt, z.B. *usnuwatu* "er soll erhöhen, er soll segnen!".

7.3.2 Für verneinte Befehle und Wünsche bzw. für Verbote dient der Indikativ Präsens in Verbindung mit der prohibitiven Negation *ni* oder *nis*, z.B. *ni* "rel."*-isha saniti* "Niemand soll beseitigen!".

7.4 Zu den Hauptsätzen

7.4.1 Für die Wortstellung gilt als Faustregel, dass das Subjekt häufig am Anfang steht, das Prädikat (Verb) dagegen meistens am Schluss des Satzes.

7.4.2 Am Satzanfang kann allerdings auch ein besonders hervorgehobener Begriff stehen, z.B. *za(n)wa alan* ^{I}*Astiwasus tuta* "Diesen (geweihten) Stein stellte Astiwasu auf".

7.4.3 In den Karatepe-Inschriften finden sich viele Abweichungen von diesen Regeln, z.B. Sätze, die mit einer Verbalform beginnen. Man wird da wohl mit einem Einfluss des Phönikischen (oder besonderen stilistischen Absichten?) rechnen müssen.

7.4.4 Die Verknüpfung von Hauptsätzen geschieht durch einleitendes *(a)wa* oder durch enklitisches *-ha(wa)* bzw. *-pa(wa)*; s. oben pag. 23 , Abschnitte 2.2 und 2.3.

7.4.5 Recht häufig sind im Hierogl.-Luw. sog. Nominalsätze; vgl. etwa die beliebte Anfangsformel AMU*(-wa)-mi* NN. "Ich ⟨bin⟩ NN." oder ^{I}*Huhasa(ru)mas* ^{d}*Marutikas putitis* "Huhasarma ⟨ist⟩ des Marduk Verehrer" oder *zapawa* ^{I}*Iariris* ^{STELE}*tarusa* "Dies ⟨ist⟩ des Iariri Bildnis".

7.5 Zu den Nebensätzen

Das Hierogl.-Luw. kennt Relativsätze und Konjunktionalsätze.

7.5.1 In den Relativsätzen steht das Relativpronomen viel häufiger im Innern des Satzes als am Anfang, sehr oft sogar direkt vor dem Verb.

7.5.2 Die Stellung der nebensatzeinleitenden Konjunktionen folgt ähnlichen Regeln wie die des Relativpronomens.

7.5.3 Vor allem in Nebensätzen dient als sog. disjunktive Konjunktion *nipa(-wa)* "oder", worin trotz möglicher Analyse in *ni-pa(-)* nicht die prohibitive Negation *ni* stecken kann. Normalerweise wird denn auch die Negation *ni(s)* nicht mit der Partikel *-pa* verbunden.

TEXTPROBEN

Siegel des 2. Jahrtausends v. Chr. aus Boğazköy und Ras Schamra

1.) <u>SBo</u> I 1 : Siegel des Grosskönigs Suppilulium I.

Fig. 1

Das hierogl. Feld zeigt oben die geflügelte Sonnenscheibe (<u>HH</u> 190), die wohl der keilschr. Titulatur ^{d}UTU$^{\check{S}I}$ "meine Sonne" = "meine Majestät" entspricht. Links und rechts symmetrisch angeordnet zweimal die Zeichenkombination MAGNUS+REX (<u>HH</u> 18) "Grosskönig" = keilschr. Sumerogramm LUGAL GAL. Die Kombination der Zeichen <u>HH</u> 190 mit den antithetisch darunter angeordneten Zeichen <u>HH</u> 18 wiederholt sich auf vielen Siegeln und Steininschriften als. sog. Königskartusche oder Aedicula. Die drei mittleren Schriftzeichen verglich man lange Zeit mit der keilschr. ideographischen Schreibung ^{m}KÙ.TÚL-*ma*; heute versteht man die ganze Zeichenkombination einfach als "Piktogramm" für *SUPPILULIUMA*.

2.) <u>SBo</u> I 3 und 4 : Siegel des Grosskönigs Suppiluliuma II.

Fig. 2

In späterer Zeit wurde die Königskartusche noch um die ebenfalls antithetisch angeordnete Ligatur <u>HH</u> 277 = *LABARNA* (ein alter Königstitel, ursprünglich vielleicht ein Eigenname, vgl. lat. *Caesar*) erweitert; die Siegel <u>SBo</u> I 3 und 4 stammen vom Grosskönig Suppiluliuma II..

3.) R̄Š 14.202 : Siegel des Grosskönigs Mursili II.

Im Mittelfeld innerhalb der
Königskartusche die Zeichenkombination HH 227 = MURSILI.
Uebersetzung der Keilschrift-
legende auf den zwei äusseren
Kreisen: "Siegel des Mursili,
des Königs des Hatti-Landes,
des Lieblings des mächtigen
Wettergottes, des Sohnes von
Suppiluliuma, dem Grosskönig,
dem König des Hatti-Landes,
dem Helden".

Fig. 3

4.) SBo I 24 : Siegel des Grosskönigs Mursili II. und der Grosskönigin

Tanuhepa

Die Kartusche ist in ihrer Symmetrie gestört: Der Titulatur MAGNUS+REX entspricht auf der Gegenseite die
Zeichenkombination HH 18 = MAGNA+REGINA "Grosskönigin". Neben der Zeichenkombination HH 227 = MURSILI
liest man in phonetischer Silbenschrift von oben
nach unten Tà-nu-hé[-pa].

Fig. 4

5.) <u>SBo</u> I 37 : Siegel des Grosskönigs Mursili II. und der Prinzessin (?)

       Gassulawiya

Anordnung im Prinzip wie auf dem vorigen Siegel <u>SBo</u> I 24; aber die Titulatur für den Frauennamen ist zerstört. Deutlich zu lesen ist neben *MURSILI* der Name *Kà-su-ła-wi*.

Fig. 5

6.) <u>SBo</u> I 104 : Siegel der Prinzessin Gassulawiya

Auf dem Siegel <u>SBo</u> I 104 wird der Name *Kà-su-ła-wi* beidseits von der Zeichenkombination <u>HH</u> 45 = REX+ INFANS "Prinz(essin)" flankiert.

Fig. 6

7.) <u>SBo</u> I 43 : Siegel des Grosskönigs Urhitesub und

       der Grosskönigin Tanuhepa

Die Kartusche ist offenbar gleich gestaltet wie oben auf dem Siegel <u>SBo</u> I 24; zu lesen also: MAGNUS+REX MAGNUS-*hi*-TESUB^{pa} MAGNA+REGINA *Ta-nu-he-pa*. Das Zeichen <u>HH</u> 363 = MAGNUS muss im Namen des Königs phonetisch als *ur(a)* gelesen werden.

Fig. 7

8.) R̆Š 17.229, 17.238 und 18.03 :

Siegel des Grosskönigs Hattusili III. und der Grosskönigin Puduhepa

Fig. 8

Titel und Namensanordnung wie schon oben bei Siegel SBo I 24. Königsname: Zeichenkombination HH 197 = Ligatur aus HH 196 (*ha*) und HH 278 (*li*) = HAT-TUSILI. Name der Königin phonetisch geschrieben *Pu-tu-hé-pa*.

9.) SBo I 38 : Siegel des Grosskönigs Muwatalli

Fig. 9

Im Zentrum der Siegelfläche steht die bildliche Darstellung eines Gottes mit Hörnerkrone, der seinen rechten Arm schützend um den Hals des Königs gelegt hat. Dieser ist im priesterlichen Ornat dargestellt mit langem Gewand und mit dem *lituus*, dem gekrümmten Stab, in seiner Rechten.

Ueber der ausgestreckten linken Hand der Gottesdarstellung der Name MAGNUS TONITRUS CAELUM "grosser Wettergott des Himmels". Hinter dem König Titulatur MAGNUS+REX und der phonetisch geschriebene Name M+u(*wa*?)-*tà-li*. Unter dem ausgestreckten linken Arm des Gottes eine Königskartusche mit dem Namen TONITRUS-MAGNUS REX, der diesmal jedoch von unten nach oben gelesen werden muss: MAGNUS+REX = churritisch *sarri* und TONITRUS = churritisch *Tesub*, also: *Sarritesub*.

10.) <u>SBo</u> I 39 : Ein weiteres Siegel des Grosskönigs Muwatalli

Anordnung im Prinzip gleich wie auf dem vorangehenden Siegel <u>SBo</u> I 38. In der Königskartusche diesmal aber der Name SUPER-TESUB^{pa}. Das
Zeichen <u>HH</u> 270 = <u>HH</u> 70 SUPER "oben" muss hier
mit seinem luwischen Lautwert *sarri* gelesen
werden, also wiederum *Sarritesub*. So lautete
wohl der Familienname dieses Herrschers, während Muwatalli der (nachträglich angenommene?)
Thronname war. Vgl. oben pag. 13 mit Literatur-
hinweis (H. NOWICKI).

Fig. 10

11.) <u>RŠ</u> 17.159 : Siegel des Grosskönigs Tuthaliya IV.

Die sehr eigenwillige Komposition dieses grossen Siegelbildes
besteht aus fünf verschiedenen
Elementen.

a.) Unter der geflügelten Sonnenscheibe, eingerahmt von
den antithetisch gesetzten Titeln MAGNUS+REX und *LABARNA*, die
Namenshieroglyphenkombination
<u>HH</u> 207 + <u>HH</u> 88 = *TUTHALIIA*.

b.) Unter dieser Königskartusche,
flankiert von MAGNUS+REX,
untereinander die Zeichen <u>HH</u> 418
und <u>HH</u> 80, zu lesen *HISMI-SARRUMA*,
wohl der ursprüngliche Familien-

Fig. 11

name von Tuthaliya.

c.) Auf der rechten Seite eine Umarmungsszene. Der König ist als Krieger
dargestellt mit Schwert, Lanze und Hörnerkappe. Beischrift zur Götter-
darstellung: ^{d}TONITRUS FORTIS = "der mächtige Wettergott".

d.) Auf der linken Seite eine Göttin in langem Gewand mit der Beischrift
über der ausgestreckten linken Hand ^dSOL; gemeint ist sicherlich die
aus den Keilschrifttexten wohl bekannte "Sonnengöttin der Stadt Arinna".
Das SOL-Zeichen wiederholt sich noch unterhalb der Hand.

e.) Unten auf dem Bild wiederum die Namenshieroglyphe *TUTHALIIA*, flankiert
von *LABARNA* und MAGNUS+REX sowie ganz aussen vom antithetisch gesetzten
Zeichen <u>HH</u> 369, welches (zu Recht?) mit dem altägyptischen Lebenssymbol
verglichen wird.

12.) <u>SBo</u> II 15 : Siegel des Prinzen Tilisarruma

Fig. 12   Der Name des Siegelinhabers lautet (von
oben nach unten gelesen): *Ti-li-SARRUMA*.
Links und rechts die Titulatur FILIUS REGIS.

13.) <u>SBo</u> II 79 : Siegel des "Stadtherrn" Sausgamuwa

Fig. 13   Der Name ist *Sà-us-ka-mu(wa?)* zu lesen.
Links und rechts davon die Titulatur
URBS+DOMINUS "Stadtherr". Das Sternchen
ist wohl nur als Ornament zu verstehen.

14.) RŠ 17.228 : Siegel des Prinzen Sausgamuwa

Fig. 14

Vergleichbar mit dem Siegel SBo II 15.

Name: *Sà-us-ka-mu(wa?)*.

Titel: FILIUS REGIS.

15.) SBo II 80 und 81 : Siegel des Mizramuwa

Fig. 15

Im Zentrum der Name *Mi-zi+ra-m+u(wa?)*, wobei statt des Zeichens HH 105 ("Stierkopf") eine ganze Stierfigur steht. Der Siegelinhaber führt den Titel MAGNUS PASTOR (HH 438), vgl. keilschr. Sumerogramm GAL NA.KAD "der Grosse der Hirten", und die Berufsbezeichnung SCRIBA-*la* "Schreiber". Die Keilschriftzeichen sind nicht recht verständlich.

16.) RŠ 17.59 : Zylindersiegel des Initesub von Karkemisch

Fig. 16

Zwischen der Darstellung von zwei bewaffneten Göttern die hierogl. Inschrift: *I-ni-TESUB^pa* REX *Kar-ka-mi-sà*, und links die keilschr. Legende "Siegel des Initesub, des Königs des Landes Karkemisch". Initesub regierte zur Zeit des Grosskönigs Tuthaliya IV..

48

17.) R̃S 17.403 : Siegel des Takisarruma

Fig. 17

Der Name *Tá-ki-SARRUMA* ist flankiert von
den Titeln FILIUS REGIS "Prinz" und MAG-
NUS SCRIBA "der Grosse der Schreiber".

18.) R̃S 18.02 : Siegel des Priesters Kiliya

Fig. 18

In der Mitte der Name *Ki-li-i(a)*, rechts das Zeichen HH 372 = SACERDOS "Priester" und links ein
nicht verständliches Zeichen. Der auch keilschr.
überlieferte Name Kiliya (oder Giliya) ist churri-
tischen Ursprungs.

DREI INSCHRIFTEN AUS DER GROSSREICHSZEIT

19.) Sirkeli : Felsinschrift des Grosskönigs Muwatalli

HHM 48, vgl. Manuale II/3, Nr. 148 (pag. 324).

Fig. 19

Hinter der Reliefdarstellung eines Königs in priesterlichem Ornat (vgl. oben SBo I 38) folgende Inschrift: M+u(wa?)-tà-li MAGNUS+REX HEROS MURSILI [MAGNUS+]REX HEROS ⟨FILIUS⟩ "Muwatalli, Grosskönig, Held, des Mursili, des Grosskönigs, des Helden ⟨Sohn⟩".

Anmerkung: ⟨FILIUS⟩ ist wohl bewusst weggelassen, vgl. griech. Περικλῆς ὁ Ξανθίππου.

20.) Karakuyu : Steinplatte mit Inschrift des Grosskönigs Tuthaliya IV.

HHM 34, vgl. Manuale II/3, Nr. 95 (pag. 315)

In der oberen Zeile Königskartusche wie auf dem Siegel RŠ 17.159 mit der Namenshieroglyphe TUTHALIIA und dem zusätzlich ebenfalls antithetisch angebrachten Ehrentitel HEROS. Links die Namenshieroglyphe HATTUSILI, wohl zu verstehen als "des Hattusili ⟨Sohn⟩" (vgl. die Felsinschrift von Sirkeli). Die untere Zeile ist vorläufig nicht verständlich.

Fig. 20 (Karakuyu)

21.) Aleppo : Inschrift des Königs Talmisarruma

(Heute in die Mauer der Moschee el-Qiqān eingebaut)

CIH III A = HHM 2, vgl. Manuale II/3, Nr. 306 (pag. 330).

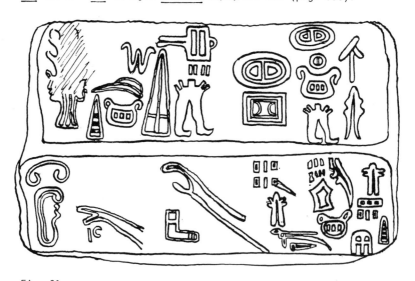

Fig. 21

Die erste Zeile läuft von rechts nach links:

za²-ia² ᵈ*Hé-pa*-SARRUMA DEI.DOMUS *Tal-mi*-SARRUMA REX HALPA^*pa*·URBS *TELEPINU*
(zweite Zeile) MAGNUS SACERDOS FILIUS AEDIFICARE *wa-wa+r-i²-ta-li Ki-li-TESUB^pa* SCRIBA *I-tú²²-wa*^URBS

Nur die erste Hälfte des Textes ist verständlich: "Diesen Tempel für Hepat ⟨und⟩ Sarruma hat Talmisarruma. der König von Aleppo, des Telepinu, des Hohen Priesters, Sohn gebaut. .....".

Der Schluss enthält wohl irgend einen Hinweis auf den Schreiber Kiltesub. Talmisarruma, Sohn des Telepinu, war ein Enkel des hethitischen Grosskönigs Suppiluliuma I. und von seinem Onkel Mursili II. in Aleppo als König eingesetzt worden. Die Inschrift wäre somit auf etwa 1300 v. Chr. zu datieren.

Der Text ist fast nur mit Ideogrammen geschrieben; es lässt sich also gar nicht sagen, in welcher Sprache er eigentlich redigiert ist. Immerhin spricht das einleitende *za²-ia²* für luwischen Kontext. Eigenartig ist das (scheinbare) Kompositum ᵈ*Hepasarruma*: Hat der Schreiber einfach ein zweites DEUS-Determinativ vor *Sarruma* weggelassen?

22.) Niğde : Inschrift auf einer steinernen Basis

CIH LIII, vgl. Manuale II/1, Nr. 1.

Die eingeritzte Inschrift läuft von rechts nach links. Uebereinander gesetzte Schriftzeichen sind von oben nach unten zu lesen.

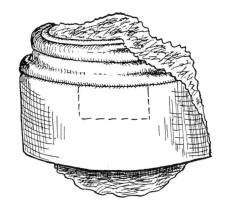

za-$^{(n)}wa$ SCALPRUM-su-n
⟨I⟩Sa-ru-wa-ni-s i-zi-
i-$tà$ $á$-pa-s $tari$-s
"Diese Skulptur hat Sa-
ruwani gemacht. Das
⟨ist sein⟩ Denkmal."

Anmerkungen:
$izita$ natürlich im Sinne
von "hat herstellen las-
sen"; Saruwani war nicht
der Steinmetz, sondern
wie wir aus der frag-
mentarischen Inschrift
von Andaval (CIH XXXI C
= HHM 3, vgl. Manuale
II/2, Nr. 32) wissen,
"Herr" und $tarwani$
("Richter, Gouverneur",
nicht leicht zu fassen-
der Fürstentitel) von
Nahitiya: ..... ⟨I⟩Sa-]

Fig. 22

ru-$[w]a$-ni-s IUDEX-wa-
ni-s Na-hi-ti-ia-wa-ni-s^{URBS} DOMINUS-ia-s ..... "..... Saruwani, $tarwani$,
Herr von Nahitiya, ...".

23.) Steinschale aus Babylon, heute in Berlin (coupe 2")

<u>Manuale</u> II/1, Nr. 2.

Fig. 23

   Kurze, nicht ganz vollständig erhaltene Inschrift:

z[a]-ia-wa-à ^{SCALPRUM}ka-ti-na $\langle^I\rangle$CERVUS-ti-ia-s HALPA^{pa}-ni ^{d}TONITRUS-hu-$^{(n)}$ti .....[   ]ta "Diese Steinschale(n$^?$) hat CERVUS-tiya für den Wettergott von Aleppo ge.....".

Der CERVUS-ti-ia geschriebene Personenname ist wahrscheinlich *Ru(n)tiia zu lesen. Hinter HALPA^{pa}-ni versteckt sich *Halpawani (hier dat. sing.) = "dem Aleppinischen (Wettergott)". katina ist sicher neutr. plur.; Plurale tantum?

24.) Steinschale aus Babylon, heute in London ("coupe 1")

<u>CIH</u> I 3-4, vgl. <u>Manuale</u> II/1, Nr. 1 a bezw. 12.

Fig 24 a

. Hier wird nur der erste Satz der längeren Inschrift vorgelegt wegen der Aehnlichkeit mit der vorangehenden Textprobe, welche ja ebenfalls von einer Steinschale stammt:

za-ia-wa ^{SCALPRUM}ka-ti-na $\langle^I\rangle$Mí-ta$_5$-à-s CAELUM+LITUUS-n ^{d}TONITRUS-ti-i i-zi-i-tà "Diese Steinschale(n$^?$) hat Mida(s) für den himmlischen Wettergott gemacht."

Fig. 24 b

CAELUM+LITUUS-n wohl *tipasasan zu lesen: dat. sing. des Adjektivs tipasasi- "himmlisch", abgeleitet von tipas- (neutr.) "Himmel". Zur Dativform s. pag. 28 (Deklination der i-Stämme).

25.) Erkilet (2) : Weihinschrift des Astiwasu

HHM 21, vgl. Manuale II/1, Nr. 3.

Zwei Zeilen eingeritzte Schriftzeichen auf einem Steinblock, heute Museum von Kayseri. Die erste Zeile läuft von links nach rechts. Der Worttrenner ist sehr konsequent gesetzt.

za-⁽ⁿ⁾wa á-ła-n ᴵÁ-s-ti-wa-su-s tu-ta za-⁽ⁿ⁾pa-wa-ta ni "rel."-i-ś-há sa-ni-i-ti "Diesen (geweihten) Stein hat Astiwasu aufgestellt. Diesen aber soll niemand beseitigen."

Zur Partikelkette -pa-wa-ta s. oben pag. 24, Abschnitte 2.5 und 2.8, und zum Verbot ni "rel."-isha saniti pag. 38, Abschnitt 7.3.2. tuta "hat aufgestellt" ist mit ἀνέϑηκε(ν) vieler griech. Weihinschriften zu vergleichen.

Fig. 25

26.) Erkilet (1) : Inschrift des Huhasar(ru)ma

HHM 20, vgl. Manuale II/1, Nr. 4.

Fig. 26

Zweizeilige einge-
ritzte Inschrift auf
einem Steinblock,
heute im Museum von
Kayseri. Die erste
Zeile läuft von links
nach rechts; der
Schluss der zweiten
Zeile ist ganz aussen
auf dem linken Rand

des Steines nachgetragen. Wie in der vorangegangenen Textprobe Erkilet (2)
ist auch hier der Worttrenner konsequent gesetzt.

^{I}HUHA^{há}-SAR(RU)MA^{ma}-ś ^{d}Ma-ru-ti-ka-ś pu-ti-ti-ś à-wa za wa-ni-za á-mu

hwi-za-há-à za-pa-wa-ta ni "rel."-i-ś-há śa-ni-ti

"Huhasar(ru)ma ⟨ist⟩ des Marduk Verehrer (?). Diese Stele habe ich meisseln
lassen. Diese aber soll niemand beseitigen."

Die Bezeichnung waniza "Stele" oder "Orthostat" für den Steinblock ist ein
wenig hoch gegriffen. In der Verbalform hwi-za-há-à "ich habe meisseln lassen" ist das "rel."-Zeichen (HH 329) als phonetisches Zeichen gebraucht.

27.) Qal'at-el-Mudīq : Inschrift des Königs Urhilina

Manuale II/1, Nr. 6 (Apamea).

Die zweizeilige Inschrift auf einer oben gewölbten Stele aus dem anti-
ken Apamea am Orontes befindet sich heute im Museum zu Aleppo. Die erste
Zeile läuft von rechts nach links.

Fig. 27

AMU-mi ⟨I⟩U+r-hi-ℓina ⟨I⟩Pári-tá-ś INFANSni-mu-wí-za-ś I-ma-tú-wa-niREGIO
REX à-wa za-n URBS+mi-ni-i-n AMU AEDIFICARE+mi-há za-pa-wa STELEwa-ni-za
dPa-há-ℓa-ti-ia ta₆-nú-há

"Ich ⟨bin⟩ Urhilina, des Parita Sohn, König von Hamath. Diese Stadt habe
ich gebaut. Diese Stele aber habe ich für Ba'alat aufstellen lassen."

Die Inschrift besteht aus drei Sätzen; der zweite beginnt mit à-wa und der
dritte mit za-pa-wa. Urhilina und Imatuwani sind endungslose Nominativ-For-
men, vgl. oben pp. 27 und 28.

Die Weihung an die semitische Göttin Ba'alat ist ein Hinweis für die begin-
nende Semitisierung der weit im Süden lebenden "Hieroglyphen-Luwier". Ein
König Urhilina von Hamath zahlte um oder nach 850 v. Chr. Tribut an den
Assyrerkönig Salmanassar III..

28.) Restan : Inschrift des Königs Urhilina

   HHM 47, vgl. Manuale II/1, Nr. 5.

   Die hierogl.-luw. Inschrift aus Restan, heute im Louvre zu Paris, ist
von zwei orthographischen Varianten abgesehen identisch mit der Urhilina-
Inschrift von Qal'at-el-Mudīq. Die Wiedergabe der Transkription dürfte somit für das Verständnis ausreichen.

Fig. 28

AMU-*mi* ⟨I⟩*U+r-hi-li-na* ⟨I⟩*Pári-ta-s* [INFA]NS*[ni-]mu-wí-za-s I-ma-tú-wa-ni*RE-
GIO REX *à-wa za-n* URBS+*mi-ni-n* AMU AEDIFICARE+*mi-há za-p[a-w]a* STELE*wa-ni-*
za d*Pa-há-la-ti-ia ta₆-nú-há-à*

29.) Hines : Inschriftenfragment

　HHM 25, vgl. Manuale II/2, Nr. 320.

Fig. 29

Das im irakischen Hines, in der Nähe der Felsreliefs von Bavian, gefundene zweizeilige Inschriftenfragment zeigt dasselbe Formular wie die Inschriften aus Qal'at-el-Mudīq und Restan, dürfte also auch vom König Urhilina von Hamath stammen. Der Stein ist wohl schon im Altertum (von den Assyrern?) verschleppt worden und später als Baustein gebraucht worden.

Transkription des erhaltenen Teils:

.....]^{INFANS}ni-mu-wí-za-ś I-ma-tú-wa-ni^{REGIO} REX à-wa za[-$^?$

30.) Hamath (3) : Inschrift des Königs Urtami

$\underline{CIH}$ IV B, vgl. $\underline{Manuale}$ II/1, Nr. 8

Orthostat mit zweizeiliger Inschrift, die zwar geringfügig beschädigt, aber leicht ergänzbar ist. Die erste Zeile beginnt rechts.

[A]MU-mi ⟨I⟩MAGNUS+r-tà-mi-ś ⟨I⟩U+r-h[i]-li-na-ś INFANS-ni-za-ś I-ma-tú-wa-ni^{REGIO} REX à-w[a] á-m[u AEDI]FICARE+mi-há za-à ^{CASTRUM}há+r-ni-sà-za Mu-ś-ni-pa-wa-ni-ś^{REGIO} FLUMEN.REGIO-ś "rel."-za i-zi-i-tà

"Ich ⟨bin⟩ Urtami, des Urhilina Sohn, König von Hamath. Ich habe diese Festung gebaut, welche die Talschaft von Musnipa ausführte."

Die Inschrift besteht syntaktisch aus zwei Hauptsätzen und einem Relativsatz. Der zweite Satz beginnt mit à-wa und der Relativsatz mit Musnipawaniś, während das Relativpronomen direkt vor dem Verb steht, vgl. oben pag. 38, Abschnitt 7.5.1. MAGNUS+r-tà-mi-ś ist wohl Urtamiś zu lesen, vgl. keilschr.-luw. ura- "gross". Imatuwani^{REGIO} ist wie in den Textproben Nrn. 27, 28 und 29 endungsloser Nominativ. FLUMEN.REGIO meint natürlich die Bevölkerung der "Fluss-Gegend".

Fig. 30

Urhilina, der Vater von Urtami, ist wohl identisch mit dem Verfasser der Inschriften von Qal'at-el-Mudīq und Restan (Textproben Nrn. 27 und 28).

31.) Hamath (2) : Inschrift des Königs Urtami

CIH IV. A. vgl. Manuale II/1, Nr. 8.

Orthostat mit dreizeiliger Inschrift; die geringfügigen Beschädigungen sind wiederum leicht zu ergänzen. Die erste Zeile beginnt rechts.

AMU-mi ⟨I⟩MAGNUS+r-$tà$-mi-s ⟨I⟩U+r-h[i]-li-na-s INFANS-ni-za-s I-ma-$tú$-wa-niREGIO REX $à$-wa $á$-mu AEDIFICARE+m[i]-$há$ za-$à$ CASTRUM$há$+r-ni-$sà$-za La$^?$-ka-wa-ni-s-$há$-waREGIO FLUMEN.REGIO-$tà$-s "rel."-za i-zi-i-$tà$ ANDA-$há$-wa Ni-ki-ma-sREGIO

"Ich ⟨bin⟩ Urtami, des Urhilina Sohn, König von Hamath. Ich habe diese Festung gebaut, welche die Talschaft von Laka(?) ausführte, und dabei ⟨war⟩ die Landschaft Nikima ⟨beteiligt⟩."

Der Satzaufbau ist im Prinzip gleich wie in der vorangehenden Textprobe; am Schluss ist jedoch noch ein kurzer Nominalsatz angehängt. Der Relativsatz ist diesmal nicht nur durch das Relativpronomen an den vorangehenden Hauptsatz angeschlossen, sondern auch noch durch die Partikelreihe -$há$-wa, wörtlich also "und welche".

Fig. 31

60

32.) Hamath (1) : Inschrift des Königs Urtami

CIH III B, vgl. Manuale II/1, Nr. 8.

Teilweise zerstörter Orthostat mit dreizeiliger Inschrift nach glei-
chem Formular wie die Textproben Nrn. 30 und 31, sodass der Schluss der
ersten und der Beginn der zweiten Zeile ergänzt werden kann. Die erste
Zeile beginnt wieder rechts.

AMU-mi ⟨I⟩MAGNUS+r-$tà$-mi-s ⟨I⟩U+r-hi-li-na-s INFANS-ni-za-s [I-ma-$tú$-wa-
niREGIO REX $à$-wa $á$-mu AEDIFICARE+mi-$há$ z]a-$à$ CASTRUM$há$+r-ni-$sà$-za Hu+r-
pa-$tà$-wa-ni-sREGIO FLUMEN.REGIO-$tà$-i-s "rel."-za i-zi-i-$tà$ ANDA-$há$-wa
HALPApa-wa-ni-$(n)$$zi$URBS

"Ich ⟨bin⟩ Urtami, des Urhilina Sohn, [König von Hamath. Ich habe d]iese
Festung [gebaut], welche die Talschaft von Hurpata ausführte und dabei ⟨wa-
ren⟩ Leute von Aleppo ⟨beteiligt⟩."

Fig. 32

Ueberraschend ist der nom.
sing. FLUMEN.REGIO-$tà$-i-s
neben FLUMEN.REGIO-$tà$-s
in der vorangehenden Textprobe. Phonetisch ist wohl
hierogl.-luw. $hapat(a)i$- c.
anzusetzen.

33.) Karkemisch : Beischriften zum Familienbild des Iariri

Carchemish I A 7 a-j, vgl. Manuale II/1, Nr. 9.

Beischriften zur Darstellung des $tarwani$ Iariri von Karkemisch, heute
leider stark zerstört; jetzt im archäologischen Museum zu Ankara. Relief-
darstellungen und Inschriften verteilen sich über drei Orthostaten; s. Carchemish I, Plate B 8 b. Auf dem ersten Orthostaten stellt Iariri seinen

ältesten Sohn Kamani vor; auf dem nächsten sind sieben weitere Söhne, zum
Teil beim Spiel, sowie ein nicht zur eigentlichen Familie gehörender ano-
nymer Diener dargestellt, und auf dem dritten sieht man eine Frau (Gemahlin
des Iariri, wie die meisten Erklärer annehmen, oder vielleicht nur eine
Amme?), die das jüngste Kind im Arm hält. Die Inschrift (A 7 j) bezieht
sich wohl eher auf dieses Kind als auf die Frau.

Die Reliefs samt den Inschriften werden in die Mitte des 8. Jahrhunderts
v. Chr. datiert (BITTEL: um 760 v. Chr.).

Fig. 33

Auf dem ersten Orthostaten befinden sich die beiden Inschriften A 7 a und
A 7 b. A 7 a verteilt sich zu beiden Seiten des Kopfes von "Kronprinz" Kamani; A 7 b steht rechts vom Kopf des Familienvaters Iariri. Beide Inschriften beginnen jeweils links oben; die erste Zeile ist also beidemal rechtsläufig.

a.) za-s-wa-$\grave{a}$ ^{I}Ka-ma-ni-i-$\acute{s}$ za-$^{(n)}zi$-pa-wa-$t\acute{u}$ POST-i-$^{(n)}zi$ INFANS-ℓa-
$^{(n)}zi$-i $\acute{a}$-mu-pa-wa-n za-ti $^{MANUS}i$-$s\grave{a}$-$tari$-n CAPERE-$h\acute{a}$ wa-n DEUS.DOMUS-
$t\grave{a}$ SUPER-$\grave{a}$ PES$_2$-wa-$tara$-s-$h\acute{a}$-$\grave{a}$ INFANS-ni-s-wa-$\acute{s}$ "rel."-za $\acute{a}$-s-ta

"Dies(er) ⟨ist⟩ Kamani. Dies(e) aber ⟨sind⟩ die ihm folgenden Geschwister.
Ich aber habe ihn hier ⟨an⟩ die Hand genommen und ihn über den Tempel eingesetzt, obwohl(?) er ⟨noch⟩ ein Kind war."

Zum "doppelten" Akkusativ -$(w)an$ ..... $^{MANUS}isatarin$ CAPERE-$h\acute{a}$ s. oben
pag. 37, Abschnitt 7.2.2.

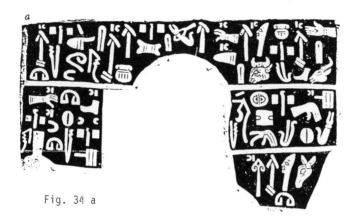

Fig. 34 a

Fig. 34 b

b.) *za-pa-wa-à* ^{I}*I-à+ri-i+ri-ȿ* ^{STELE}*ta-ru-sá*

"Dies aber ⟨ist⟩ des(!) Iariri Bildnis."

Auf dem zweiten Orthostaten stehen die Inschriften A 7 c bis und mit A 7 i, wobei die
Felder d und e jeweils den Schluss des vorangehenden kurzen Satzes und den Beginn eines
neuen Satzes enthalten. Das Feld i enthält
zwei Figurenbeischriften, die ungefähr in der
Mitte beginnen: Die eine ist linksläufig, die
andere rechtsläufig.

c-d.) *za-[ȿ-]wa* ^{I}*Ma-li-i-TONITRUS-pa-ś*

"Dies(er) ⟨ist⟩ Malitesupa."

d-e.) *za-ȿ-pa-wa-à* ^{I}*Á-ȿ-ti-TONITRUS-hu-*$^{(n)}$*za-ȿ*

"Dies(er) aber ⟨ist⟩ Astitarhunza."

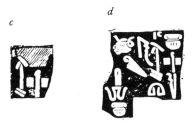

Fig. 34 c-f

e-f.) *za-ʂ-pa-wa* ^I*Taʀ-ní-ti-ʂ-pa-ʂ́*

     "Dies(er) aber ⟨ist⟩ Tarnitispa."

g.) *za-ʂ-!!wa-à* ^I*I-ʂi-ka+ʀ-ti-ʂ-pa-ʂ*

    "Dies(er) ⟨ist⟩ Isikartispa."

h.) *za-ʂ-wa* ^I*Ʂi-ka-à+ʀa-ʂ*

    "Dies(er) ⟨ist⟩ Sikara."

i.) (links) *za-ʂ-wa* ^IHALPA*pa-wa+ʀa-ʂ*

    (rechts) *za-ʂ-wa* ^I*Ia-hi-la-ti-ʂ-pa-ʂ*

        "Dies(er) ⟨ist⟩ Halpawara. / Dies(er) ⟨ist⟩ Iahilatispa."

Fig. 34 g-i

In der Inschrift A 7 g scheinen das dritte und das vierte Schriftzeichen
irrtümlicherweise vertauscht zu sein. Oder hätte der Steinmetz eigentlich
á·wa za-s schreiben sollen?

Umstritten ist die Deutung der Inschrift A 7 j auf dem dritten Orthostaten
der Familiendarstellung. Ist die Frau, die noch ein Haustier an der Leine
mitführt, wirklich die Gemahlin des Iariri, wie manche Interpreten annehmen, oder nicht vielmehr eine Amme oder ein Kindermädchen? Auf wen bezieht
sich also die Inschrift? Der Titel *tarwani* passt eigentlich weder zu einer
Frau noch zu einem Kleinkind. Ist etwa IUDEX-*nis*, wie MERIGGI vorschlägt,
als gen. sing. zu verstehen? Die beiden Wortformen auf -*mis* wird man wohl
als part. perf. pass. deuten; die Bedeutung des Verbalstammes ist unbekannt.
FRONS-*hiti* dürfte eine Ablativform sein. - Die vorgelegte "Uebersetzung"
ist also bestenfalls als Versuch zu werten!

j.) *za-s-pa-wa-à* ^{I}*Tú-wa+r-sà-i-s* IUDEX-*ní-i-s* "357"*za+r-za-mi-s* FRONS-*hi-*
     ti á-sa$_5$-za-mi-i-s CAPUT-*ti-s*

"Dies(er$^?$) aber ⟨ist⟩ Tuwarsai,
der designierte *tarwani*, die
von der Vorgängerschaft akzep-
tierte Persönlichkeit."

j

Fig. 34 j

34.) Karkemisch : Anfang einer Inschrift des *tarwani* Iariri

Carchemish II A 15 b**, vgl. Manuale II/1, Nr. 11.

AMU-*wa-mi-i* ^{I}*I-ar-i+ri-s* IUDEX-*ni-s* ^{d}TONITRUS-*ta-ti-i* ^{d}Ku-AVIS-*pa-pa-ti*
^{d}*Ká+r-hu-há-ti-i* ^{d}SOL-*tá-ti-i-há á*+LITUUS-*za-mi-s* CAPUT-*ti-s*
"Ich ⟨bin⟩ Iariri, *tarwani*, die von (den Göttern) Tarhunt, Kupapa, Karhuha
und Sonne(ngott) geliebte Person."

Die vier Götternamen stehen alle im abl. sing.. Bei ^{d}SOL wird man kaum an die grossreichszeitliche "Sonnengöttin von Arinna" denken, sondern eher an einen männlichen Sonnengott, dem babylonischen Schamasch vergleichbar.

Es ist bezeichnend, dass Iariri in seinen Inschriften jegliche Genealogie weggelassen hat. Er muss ein Emporkömmling gewesen sein, der die Familie seiner Vorgänger entmachten konnte. Dafür gelang es ihm, seinem Sohn Kamani die Herrschaft zu sichern.

35.) Karkemisch : Anfang einer Inschrift des *tarwani* Katuwa

Carchemish I A 11 b, vgl. Manuale II/1, Nr. 22.

AMU[-*w*]*a-mi* ^{I}*Ka-tú-wa-s* IUDEX-*ni-i-s* DEUS-*ni-ti-i* *á*+LITUUS-*za-mi-i-s* *Ká+r-ka-mi-si-za-s*^{URBS} REGIO-*ni*-DOMINUS-*s* ^{I}*Su-hi-si* REGIO-*ni-ia*-DOMINUS-*i-s* INFANS-*ni-za-s* ^{I}*Á-s-tú-wa-ti-ma-za-si* REGIO-*ni*-DOMINUS-*i-s* NEPOS-*si-i-s*

"Ich 〈bin〉 Katuwa, *tarwani,* von der Gottheit (oder: den Göttern) geliebt, Landesherr von Karkemisch, des Suhi, des Landesherrn, Sohn, des Astuwatimaza, des Landesherrn, Enkel."

Beispiel für eine Genealogie. Astuwatimaza, der Grossvater von Katuwa, regierte als Zeitgenosse des Assyrerkönigs Adad-Nirari II. (ca. 910-890 v. Chr.).

36.) Karatepe : Anfang des hierogl.-luw. Teils der Bilingue

Manuale II/1, Nr. 24; vgl. aber auch J. D. HAWKINS und A. MORPURGO-DAVIES in An.St. XXVIII pp. 103-119 (1978).

Kombinierter und vereinheitlichter Text nach der "oberen" und "unteren" Fassung. Der hierogl.-luw. Text der Bilingue ist nämlich doppelt überliefert: einmal an der Portalanlage der sog. oberen Grabung und ein zweites Mal in besserem Erhaltungszustand an der Portalanlage der unteren Grabung.

Zählung der Sätze nach der provisorischen Edition von BOSSERT.

I $[AMU-wa-m]i$ $\langle I \rangle_{A}[+LITUUS]-za-\ddot{t}i-i-wa-t\grave{a}-\acute{s}$ $^{d}SOL-mi-\acute{s}$ $CAPUT-ti-i-\acute{s}$
$^{d}TONITRUS-hu-^{(n)}ta-s$ $m\acute{i}-t\acute{i}-s$

II $\langle I \rangle_{A}\acute{}-wa+ri-ku-s-wa$ "rel."-$i-n$ $MAGNUS+ra-n\acute{u}-wa-ta$ $\acute{A}-DANA-wa-n\acute{i}-i-\acute{s}{}^{URBS}$
$REX-ti-\acute{s}$

III $wa-mu-u$ $^{d}TONITRUS-hu-^{(n)}za-s$ $\acute{A}-DANA-wa-ia{}^{URBS}$ $FEMINA_{na-ti_{4}-n}$
$t\acute{a}-ti-^{(n)}h\acute{a}$ $i-zi-i-t\grave{a}$

IV $ARHA-h\acute{a}-wa$ "178"-$nu-h\acute{a}$ $\acute{A}-DANA-wa-n{}^{URBS}$

V $MANUS_{\ell a-tar-h\acute{a}-h\acute{a}-wa}$ $\acute{A}-DANA-w\grave{a}-za{}^{URBS}$ $TERRA^{!}-w\grave{a}+ra-za$
$zi-n$ $^{OCCIDENS}i-pa-mi$ $VERSUS-ia-n$
$zi-^{(n)}pa-w\grave{a}$ $^{ORIENS}ki-s\grave{a}-ta-mi-i$ $VERSUS-ia-n$

VI $\acute{a}-mi-ia-^{(n)}za-ha-wa$ $^{DIES}h\acute{a}-\ell\grave{\imath}^{(?)}-^{(n)}za$ $\acute{A}-DANA-w\grave{a}-ia{}^{URBS}$ $OMNIS^{mi}-ma^{!}$
$^{BONUS}sa-na-wa-ia$ $^{CORNU}su+ra-s$ $za_{4}-h\acute{a}-sa-s-h\acute{a}$ $\grave{a}-\acute{s}-ta$

VII $MANUS_{su-w\grave{a}-h\acute{a}-h\acute{a}-w\grave{a}}$ $Pa-ha+r-wa-n\acute{i}-^{(n)}zi{}^{URBS}$ "255"$_{ka-ru-na-^{(n)}zi}$

VIII $EQUUS_{\acute{a}-s\grave{u}-^{(n)}pa-wa-ta}$ $EQUUS_{\acute{a}-s\grave{u}-wi}$ $SUPER+r-ta$ $i-zi-i-h\acute{a}$

IX $EXERCITUS-\ell\acute{a}-za-pa-wa-ta$ $EXERCITUS-\ell\acute{a}-ni$ $SUPER+r-ta$ $i-zi-i-ha$

X $SCUTUM_{h\grave{a}+r-\ell i-^{(n)}pa-wa-ta}$ $SCUTUM_{h\grave{a}+r-\ell i}$ $SUPER+r-ta$ $i-zi-i-ha$
$OMNIS^{mi}-ma^{!}-za^{!}$ $^{d}TONITRUS-hu-^{(n)}ta-ti_{4}$ $DEUS$ $na-r+i-h\acute{a}$

XI   "rel."-$pa-w\grave{a}$ "255"$_{ma_{x}+ri-ia-n\acute{i}-^{(n)}zi}$ $ARHA$ $ma-ki-s-ha$

XII $MALUS_{h\acute{a}-n\acute{i}-ia-ta-pa-wa-ta-\grave{a}}$ "rel."-ia $^{TERRA}ta-s\grave{a}-hwi+ri((-ta))$
$\grave{a}-^{(n)}ta$ $\acute{a}-s-ta-\grave{a}$

XIII $w\grave{a}-ta$ $^{TERRA}ta-s\grave{a}-hwi\langle+ri\rangle-i$ $ARHA$ [   ]-$ha-ha$

XIV $\acute{a}-ma-za_{4}-ha-w\grave{a}-ta$ $DOMINUS-n\acute{i}-za$ $DOMUS{-}na-za$ $^{BONUS}sa-na-w\grave{a}$ $u-s-nu-ha$

XV $\acute{a}-mi-ha-wa$ $DOMINUS-n\acute{i}-^{!}i$ $^{NEPOS}h\acute{a}-su-^{!}$ $OMNIS^{mi}-ma$ $^{BONUS}sa-na-wa-ia$
$INFRA-na$ $i-zi-i-ha$

XVI $\acute{a}-pa-s\acute{a}-^{(n)}ha-w\grave{a}-ta$ $t\acute{a}-ti-i$ $^{THRONUS}i-s\grave{a}-tar-ti_{4}-i$ $SOLIUM_{i-sa-n\acute{u}-w\acute{a}-ha-\grave{a}}$

I [Ich ⟨bin⟩] Azatiwata, die vom Sonnengott gesegnete Persönlichkeit

des Tarhunt Diener,

II den Awariku, der König von Adana, gross machte.

III Tarhunt machte mich zu Mutter und Vater für Adana.

IV Ich liess Adana prosperieren.

V Ich erweiterte das Territorium von Adana,

einerseits nach Westen, andrerseits aber nach Osten.

VI Und in meinen Tagen gab es in Adana alles Gute,

Fülle und Wohlergehen.

VII Und ich füllte die Vorratshäuser von Pahar.

VIII Pferd fügte ich zu Pferd;

IX Heerlager fügte ich zu Heerlager;

X Schild fügte ich zu Schild: das Ganze durch Tarhunt und die Götter,

XI wobei ich die Stolzen vernichtete.

XII Das Böse aber, welches im Lande innen war,

XIII das ent[fern]te ich ⟨aus⟩ dem Land.

XIV Und das zu meinem Herrn gehörende Haus errichtete ich im Guten,

XV und der zu meinem Herrn gehörenden Nachkommenschaft

erwies ich alles Gute,

XVI und ich liess sie auf ihrem väterlichen Thron sitzen.

(Zu Satz I) Azatiwata erwähnt weder Vorfahren noch Titel; er führt sich lediglich als Treuhänder für die Familie und die Herrschaft von Awariku, dem König von Adana ein. - ^{d}SOL-*miš* ist kaum gen. sing. "des Sonnengottes", sondern wohl nom. sing. eines Adjektivs oder gar eines part. perf. pass.: "dem S. ergeben, vom S. erwählt, vom S. gesegnet" oder so ähnlich.

(Zu II) Awariku wurde bereits vor 45 Jahren von Albrecht ALT mit dem in assyrischen Texten erwähnten König Urikki von Quë gleichgesetzt. Quë ist der assyrische Name für Kilikien. Urikki erscheint in den Tributlisten von Tiglatpilesar III. für die Jahre 738 und 732 v. Chr., aber auch noch in einem Text von Sargon II. (721-705), der sich auf die Zeit 710-709 v. Chr. bezieht. Die Karatepe-Bilinguen sind somit (frühestens?) an das Ende des 8. Jahrh. zu datieren.

(Zu VII) Die Stadt Pahar ist sonst nicht bekannt.

(Zu X) DEUS-*nari*(-*ha*) ist abl. plur. mit Rhotazismus. Zur Lesung *r+i* s. oben pag. 15.

(Zu XI) Die Lesung $^{"255"}$ma$_x$-*ri-ia-ní-*$^{(n)}$*zi* nach H. Craig MELCHERT in <u>An.St.</u> XXXVIII, pp. 36-38 (1988).

(Zu XIV-XV) DOMINUS-*ni-* ist ein Adjektiv: *amaza* DOMINUS-*niza* DOMUS-*naza* ist acc. sing. neutr.; *ami* DOMINUS-*ni hasu'* ist dat. sing.. *há-su-'* oder *há-su-à* bleibt als Form schwierig zu deuten. *sanawa* muss Adverb sein.

(Zu XVI) *tati* ist ebenfalls Adjektiv. *apasa*(n) *tati isatarti* ist dat.-loc. sing.; das Enklitikon -*ta* bezieht sich entweder auf DOMUS-*naza* oder (wahrscheinlicher) auf *hasu'*.

ZEICHENLISTE

Kolumne I enthält die Zeichennummer nach <u>HH</u> (LAROCHE), Kolumne II die (standardisierte) hieroglyphische Zeichenform, Kolumne III die phonetische Transkription (Silbenwert), Kolumne IV die ideographische Bedeutung (meistens "Latinogramme"), und in Kolumne V sind Ergänzungen und Anmerkungen verzeichnet.

I	II	III	IV	V
1			(EGO), AMU	
10			CAPUT	
12			STATUA	
13		*pari, pár*		
14			PRAE	
15			DOMINA	
16			MAGNA+REGINA	
17			REX	
18			MAGNUS+REX	

19		ā	
21			HEROS
26			FRONS
28			FORTIS
29		tā	
34			POST
35		na, -n	
39		tā	PUGNUS
40		tā	
42		tā	
45			INFANS, FILIUS
46			FILIUS REGIS

49			ANDA	
55		*ni*		
56		*kà*		
57			INFRA	
59			MANUS	
66		*pi*		
70			SUPER	
79			FEMINA	
80			*SARRUMA*	
81			*SAR(RU)MA*	spätere Form
82		*ta₆*		
85				in Kombination mit dem Zeichen HH 199 = *HALPA*

88		*tu*		
89		*tu*		
90		*ti*	PES	
100		*ta*	ASINUS	bei LAROCHE *ta*₄
102			CERVUS	
103			CERVUS	
104		*sà*		
105		*u, u(wa)*	BOS	
107		*mu, muwa*		
108		*sú(?)*	CORNU	
110		*ma*		
115			LEPUS, TAPA	

128			AVIS	
134		(aɾ), aɾa, aɾi		
151			*TELIPINU*	
153		nû		
160		wi	VINUM	
165		wâ	BONUS	
166		wã		
172		ti		
174		si, sâ		
175		la		
181			PANIS	
182			CAELUM	

186		*lu*(?)		= <u>HH</u> 445 ?
190			(MAIESTAS)	entspricht keilschr. ^{d}UTU^{SI}
191			SOL	
192			ORIENS	
193			LUNA	
196		*ha*		
197		*HATTUSILI*		
199			TONITRUS	
201			LOCUS, TERRA	
207			MONS	
209		*i*		
210		*ia*		

212			FLUMEN	
214		*ní*		
215		*hâ, hê*		
216			FINES	
221			VIA	
225			URBS	
227			*MURSILI*	
228			REGIO	
231			CASTRUM	
237			PORTA	"Festungstor"
238			PORTA	"Palasttor"
246			AEDIFICARE	

247			DOMUS	
249			DEI.DOMUS	keilschr. É.DINGIR
250			MAGNA+DOMUS	keilschr. É.GAL
264			PODIUM	
267			STELE	
268			SCALPRUM	
269			EXERCITUS	
277			*LABARNA*	
278		*li*		
294			MENSA	
299			SOLIUM	
300			(NEPOS)	In Zeichenkombin. <u>HH</u> 45 + 300 + 488

306		hí		
307		hu		
312			VIR, ZITI	
313			VIR, ZITI	
315		kâ+r		
318			TESUB	
319		tí		
322			PURUS	HH 322 + 215 + 391 = SUPPILULIUMA
325		tû		
326			SCRIBA	
327		sa₅	SIGILLUM	
328		pu		

329		*hwi*	"rel."	(Relativpronomen)
331			AVUS, *HUHA*	
332			NEG(ATIO)	alte Form
			NEG$_3$, *NI*	prohibitive Negation
332			NEG$_2$, *NA*	(gewöhnliche) Negation
334		*pa*		
336			ANNUS	
342		*hu*		
358			DIES	
360			DEUS	
363		*ur(a)*	MAGNUS	
366			OMNIS	

367		*tal*		
368			MALUS	
369			(VITA?)	Entlehntes ägyptisches *ankh*-Zeichen?
370		(a)*su*	BONUM, SANITAS	
371			IUDEX	
372			SACERDOS	
376		*zi*		
377		*za*		
378			(sog.) LITUUS	Vgl. HAWKINS in Kadmos XIX, pp. 123-142 [1980] !
379		(iia)	OCCIDENS	
383			(I), Personendeterminativ: wird einem andern Schriftzeichen oben vorangestellt. Fehlt oft.	
383		*r, ra, ri*	Wird einem andern Schriftzeichen unten angehängt.	

386	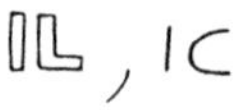 ⊓∟ , �UC		Worttrenner	Fehlt oft.
387	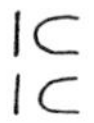 IC IC	mí	(SERVUS ?)	
387	 ‖�⏀	tar, tara, tari		
390	 ⊔⊔		DOMINUS	
391	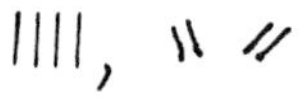 ‖‖‖ , ⫽ ⫽	mí, mã		
395	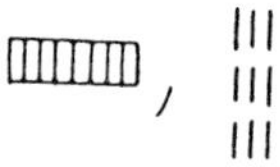 ⊞⊞⊞⊞ , ‖‖‖ ‖‖‖ ‖‖‖	nu		
410	ᴐ ᴄ			Ideogramm-Markierer
411	⊂	ní		
412	 ⊘	ru		
413	 ⌒	hi		
415	 ⌒	sa, -s		
418	 ⵣ		HISMI	

421		us		
423		ku		
429			DANA	
433		sá, -š		
434		ka		
439		wa, wí		
445		lu		
446		ki		
447			VERSUS	oft kombiniert mit <u>HH</u> 26
450		à, ' (Aleph)		vgl. LAROCHE zu <u>HH</u> 450 !
451		hur		
488		ti₄		

WÖRTERVERZEICHNISSE

I. Phonetisch geschriebene Wörter

ala- c. "(geweihter) Stein"

ami- "mein"

amu "ich"

-an "ihn, sie" (acc. sing.)

a(n)da "in, hinein"

apa- "der da, besagter, er"

apasi- "sein" (lat. *suus*)

arha "weg"

as- "sein " (lat. *esse*)

-as "er, sie" (nom. sing.)

asazami- wohl part. praet. pass.

asu- c.(?) "Pferd"

-ata "es" (sing. neutr.), "sie" (plur.)

atari- c. "Denkmal"

awa Satzeinleitung

aza- (*á*+LITUUS-za-) "lieben"

-ha "und" (lat. *-que*)

hali- "Tag, Zeit"

haniiata "das Böse, das Schlechte" (neutr. plur.?)

harli- c. "Schild"

harnisa- n. "Festung"

harwani- "senden"

huha- c. "Grossvater"

hwiza- "meisseln (lassen)"

ipami- "Westen"

isanu-, isanuwa- "sich setzen lassen, einsetzen"

isatari- c. "Hand"

isatarti- "Thron"

izi- "machen, ausführen"

        INFRA-*na izi-* "zukommen lassen, zuteil werden lassen"

        SUPER-*rta izi-* "dazu tun, dazufügen"

izist- "verehren"

karuna- c. "Vorratshaus, Speicher"

katina- n. "Schale, Steinschale"

kisatami- "Osten"

kuman "als, solange, während"

latar- "erweitern"

makis- mit Präverb *arha* "vernichten"

mariiani- "stolz"

-mi Reflexivum der 1. sing.

miti- c. "Diener" (oder ist SERVUS-*ti-* zu lesen?)

-mu "mir, mich"

na Negation (lat. *non*)

nati-, auch *anati-* c. "Mutter, Frau"

ni(s) prohibitive Negation (lat. *ne*)

nimuwiza- c. "Sohn, Kind"

nipa(wa) "oder"

-pa "aber" (lat. *autem*)

(*pariiani-*) ältere Lesung für *mariiani-*

pati- c. "Fuss"

piia- "geben"

putiti- c. "Verehrer(?) einer Gottheit"

sanawa- "gut" (*sanawa* Adverb)

sani- "beseitigen"

CORNU*sura-* c. "Fülle"

MANUS*suwa-* "füllen"

ta- "nehmen"

-ta Ortsbezugpartikel

tanu-, *tanuwa-* "errichten lassen"

tari- = *atari-* c. "Denkmal"

tarusa nom./acc. sing. neutr. "Bild(nis)"

tarwani- c. "Richter, Gouverneur" oder ähnlich

tasahwir- (konsonantischer Stamm?) "Land"

tati- c. "Vater"

-ti Reflexivum der 3. sing.

tipas- n. "Himmel"

tipasasi- "himmlisch"

tu- "aufstellen"

-tu "ihm, ihr"

usnu-, *usnuwa-* "aufrichten, erhöhen"

wa(-) = *awa* Satzeinleitung

wani- n. "Stele, Orthostat"

wiiani- "Wein"

za- "dieser"

zahasa- c. "Wohlergehen"

"35" *zarzami-* wohl part. praet. pass.

zati "hier, bei dieser Gelegenheit"

zin ..... *zin* "einerseits ..... andrerseits"

AEDIFICARE(+*mi*-) "bauen"

CAELUM = *tipas*- n. "Himmel"

CAPERE = *ta*- "nehmen"

CAPUT-*ti*- c. "Person, Persönlichkeit"

DEUS-*na*- c. "Gott(heit)"

DEI.DOMUS-*tu*(-) n. (plurale tantum) "Tempel"

DOMINUS-*nani*- c., auch DOMINUS-*ia*- c. "Herr"

DOMUS, DOMUS-*na*- = *parna*- n. "Haus"

EXERCITUS-*la*- n. "Heer, Heerlager"

FEMINA-*ti*- = *nati*- c. "Mutter, Frau"

FILIUS = INFANS "Sohn, Kind"

FLUMEN = *hapi*- "Fluss"

FLUMEN.REGIO-*tai*- = *hapat(a)i*- c. "Flussgebiet, Tal, Talschaft"

FORTIS (Zeichen <u>HH</u> 28) "mächtig"

FRONS-*hi*- (*i*-Stamm?) "Vorgängerschaft" (oder "Adel"?)

HEROS "Held"

INFANS-*la*- c. "Bruder"

INFANS-*niza*- c. "Sohn, Kind"

INFRA-*nan* (Postposition) "unter"

IUDEX-*wani*- = *tarwani*- c. "Richter, Gouverneur"

MAGNUS = *ura*- "gross"

MAGNUS+*ra-nu(wa)*- "gross machen"

MAGNUS+REX "Grosskönig"

MAGNA+REGINA = *hasusari*- c. "Grosskönigin"

OMNIS^{mi}-*ma*- = *tanimi*- "jeder, alle"

PASTOR (Zeichen <u>HH</u> 438) "Hirte"

PES$_2$-*wataras*- "einsetzen"

PONERE = *tuwa*- "setzen, stellen, legen"

POST = *apan* "hinter"

POST-*i*- = *apari*- (Adjektiv) "folgend"

REGIO "Gegend, Land"

REGIO-*ni*-DOMINUS-*ia*- c. "Landesherr"

REX-*ti*- = *hantawati*- c. "König"

REX+INFANS = REGIS FILIUS "Prinz", selten auch "Prinzessin"

SACERDOS (Zeichen <u>HH</u> 372) "Priester"

SCALPRUM-*su*- c. "Skulptur, Säule"

SCRIBA-*la*(-) c. "Schreiber"

SUPER(-*a*) (Postposition) "über"

TERRA-*wara*- n. "Territorium"

URBS(+*mi*-*ni*-) c. "Stadt"

VERSUS-*ian* (Postposition) "nach ..... hin, in Richtung"

VIA-*wani*- = *harwani*- "senden"

LABARNA (Zeichen <u>HH</u> 277) Ehrentitel hethitischer Grosskönige

"rel."-*i* "wenn" (?)

"rel."-*i*- Relativpronomen

"rel."-*isha* (Indefinitpronomen) "jemand"

"rel."-*pawa* "während, wobei"

"rel."-*za* "obwohl" (?)

"178"-*nu*- mit Präverb *arha* "prosperieren lassen, gedeihen lassen"

III. Eigennamen

Es werden auch noch einige Eigennamen angeführt, die in dieser "Kleine Einführung" sonst nicht erwähnt sind, aber in der einschlägigen Literatur oft genannt werden, z.B. *Warpalawa*, König von *Tuwana*.

a.) G ö t t e r n a m e n

Hepatu, die höchste churritische Göttin, von den Hethitern gelegentlich der Sonnengöttin von Arinna gleichgesetzt.

Hepa-Sarruma, Hepatu ⟨und⟩ Sarruma (Dvandva-Kompositum?).

Karhuha, Hauptgott von Karkemisch.

Kupapa, Göttin, die sog. Königin von Karkemisch.

Marutik, der babylonische Marduk.

Pahalati, die semitische Göttin Ba'alat "Herrin".

Sarruma, später wohl nur *Sarma* gesprochen, ein churritischer Gott; gilt als Sohn von Tesub und Hepatu.

Tarhunt, der luwische Wettergott, meistens mit Ideogramm TONITRUS geschrieben.

Tesub, der churritische Wettergott und Götterkönig, meistens mit Ideogramm HH 199 oder HH 318 geschrieben.

CERVUS (HH 102-103), sog. Schutzgott (Sumerogramm LAMA), phonetisch *Ru(n)tia-* oder *Ru(n)za*

LUNA (HH 193). phonetisch *Arma* vgl. die Ligatur HH 193 + 391, Mondgott. Eine grosse Rolle spielte der (semitische) Mondgott Sin von Harran.

SOL (HH 191), Sonnengott, seltener Sonnengöttin; phonetische Lesung unsicher.

TONITRUS (HH 199), Wettergott, je nachdem als *Tarhunt* oder *Tesub* zu lesen.

b.) P e r s o n e n n a m e n

Astitarhunza, Sohn des Iariri von Karkemisch.

Astiwasu, Stifter der Inschrift Erkilet (2).

Astuwatimaza, Landesherr von Karkemisch um 900 v. Chr..

Awariku, König von Adana = Urikki, König von Quë.

Azatiwata, Günstling des Awariku, Erbauer der Festung Karatepe und Stifter der dortigen Inschriften.

Halparu(n)tiia, Name zweier Könige des Kleinreichs Gurgum (Maraş).

Halpawara, Sohn des Iariri von Karkemisch.

Hartapu, "Grosskönig", Stifter mehrerer Inschriften am Karadağ und Kïzïldağ in Lykaonien (9. Jahrh. v. Chr.?).

Hattusili III., Grosskönig von Hatti um 1250 v. Chr..

Hismisarruma, ursprünglicher Name des Grosskönigs Tuthaliya IV..

Huhasar(ru)ma, Stifter der Inschrift Erkilet (1).

Iahilatispa, Sohn des Iariri von Karkemisch.

Iariri, *tarwani* von Karkemisch um 750 v. Chr..

Initesuba, König von Karkemisch zur Zeit Tuthaliyas IV..

Isikartispa, Sohn des Iariri von Karkemisch.

Kamani, ältester Sohn des Iariri von Karkemisch.

Kasulawi, hethitische Prinzessin der Grossreichszeit.

Katuwa, *tarwani* und Landesherr von Karkemisch, Sohn des Suhi.

Kiliia, Name eines Priesters.

Kilitesuba, Name eines Schreibers.

Malitesuba, Sohn des Iariri von Karkemisch.

Mita, altkleinasiatischer Name, wohl identisch mit dem phrygischen Midas.

Mizramuwa, Name mehrerer Persönlichkeiten zur Zeit des heth. Grossreichs.

Mursili II., Grosskönig von Hatti um und nach 1320 v. Chr..

Muwatalli (II.), Grosskönig von Hatti um 1275 v. Chr., Sohn Mursilis II..
Muwatalli hiessen noch später drei Könige von Gurgum (Maraş).

Parita, Vater des Königs Urhilina von Hamath.

Puduhepa, Gattin Hattusilis III..

*Ru(n)tiia s. CERVUS-*tiia*!

Sarritesuba, ursprünglicher Name des Grosskönigs Muwatalli (II.).

Saruwani, "Herr" von Nahitiya.

Sausgamuwa, Name mehrerer Persönlichkeiten zur Zeit des heth. Grossreichs.

Sikara, Sohn des Iariri von Karkemisch.

Suhi, Landesherr von Karkemisch, Sohn des Astuwatimaza und Vater des Katuwa.

Sulumili s. PUGNUS-*mili*!

Suppiluliuma I., Grosskönig von Hatti nach 1350 v. Chr..

Suppiluliuma II., letzter bekannter Grosskönig von Hatti um 1200 v. Chr..

Takisarruma, heth. Prinz der Grossreichszeit.

Talmisarruma, König von Aleppo, Enkel Suppiluliumas I..

Tanuhepa, heth. Königin zur Zeit von Muwatalli (II.) und Urhitesuba.

Tarnitispa, Sohn des Iariri von Karkemisch.

Telepinu, "Hoher Priester", Sohn Suppiluliumas I. und erster heth. König
    in Aleppo.

Tilisarruma, heth. Prinz.

Tuthaliya IV., Grosskönig von Hatti um 1225 v. Chr., Sohn Hattusilis III..

Tuwarsai, wohl das jüngste Kind des Iariri von Karkemisch.

Tuwati, König von Tabal zur Zeit von Salmanassar III. (858-824 v. Chr.).
    Tabal war ein Kleinreich im Taurusgebirge, ungefähr zwischen Kayseri
    und der Kilikischen Pforte.

Urhilina, König von Hamath um 850 v. Chr.(?), Vater des Urtami.

Urhitesuba, Grosskönig von Hatti, Sohn Muwatallis (II.); er wurde von Hattu-
    sili III. abgesetzt.

Urtami, König von Hamath, Sohn des Urhilina.

Warpalawa, König von Tyana zur Zeit von Tiglatpilesar III. (743-726 v. Chr.).

Wasusar(ru)ma, König von Tabal zur Zeit von Tiglatpilesar III..

CERVUS-*tiia*, wahrscheinlich **Ru(n)tiia* zu lesen, Stifter einer Steinschale.

MAGNUS-*hi*-TESUB*pa*, zu lesen *Urhitesub(a)*.

MAGNUS-*rtami*, zu lesen *Urtami*.

MAGNUS+REX-TONITRUS, zu lesen *Sarritesub(a)*

PUGNUS-*mili*, kaum als *SULU-mi-li* zu lesen; Mitteilung von D. J. HAWKINS an der XXXIVème Rencontre Assyriologique Internationale in Istanbul (1987).

SUPER-TESUB*pa*, zu lesen *Sarritesub(a)*.

c.) O r t s n a m e n

Adana, wichtige Stadt im Ebenen Kilikien.

Halpa, Aleppo.

Harana, Harran südlich von Urfa, das antike Karrhai.

Hurpata, Tal(schaft) im Einflussbereich von Hamath.

Imatu, Hamath in Syrien.

Karkamisa, Karkemisch am Euphrat an der syrisch-türkischen Grenze.

Kurkuma, Stadt und Kleinreich Gurqum der assyrischen Texte, heute Maraş.

Laka(?), Tal(schaft) im Einflussbereich von Hamath.

Musnipa, Tal(schaft) im Einflussbereich von Hamath.

Nahitiia, wohl das heutige Niğde.

Nikima, Gegend im Einflussbereich von Hamath.

Pahar, (noch) nicht identifizierte Stadt in Kilikien.

Tuwana, das antike Tyana, heute Kemerhisar bei Bor.

ANHANG

Hieroglyphisches Syllabar

Konkordanz zu den HH-Nummern

a	194, 450	*i*	209	*u*	105
ar, ara, ari	134	*ia*	210	*us*	421
ha	196, 215	*hi*	306, 413	*hu*	307, 342
		he	215	*hur*	451
				hwi	329
ka	56, 315, 434	*ki*	446	*ku*	423
la	175	*li*	278	*lu*	186(?), 445
ma	110, 391	*mi*	387, 391	*mu*	107
na	35	*ni*	55, 214, 411	*nu*	153, 395
pa	334	*pi*	66	*pu*	328
par, pari	13				
ra	383	*ri*	383	*ru*	412
sa	104, 174, 327, 415, 433	*si*	174	*su*	108, 370
ta	29, 39, 40, 42, 82, 100	*ti*	90, 172, 319, 488	*tu*	88, 89, 325
tar, tara, tari	387				
wa	165, 166, 439	*wi*	160, 439		
za	377	*zi*	376		

F u n d o r t e

Konkordanz zu den Textproben

(ohne Boğazköy und Ras Schamra)

Aleppo	Nr. 21, pp. 50-51.
Babylon	Nrn. 23 und 24, pp. 53-54.
Erkilet	Nrn. 25 und 26, pp. 54-55.
Hamath	Nrn. 30, 31 und 32, pp. 58-60.
Hines	Nr. 29, pp. 57-58.
Karakuyu	Nr. 20, pp. 49-50.
Karatepe	Nr. 36, pp. 65-68.
Karkemisch	Nrn. 33, 34 und 35, pp. 60-65.
Niğde	Nr. 22, pag. 52.
Qal'at-el-Mudīq	Nr. 27, pp. 55-56.
Restan	Nr. 28, pp. 56-57.
Sirkeli	Nr. 19, pag. 49.

Geographische Karten der Fundorte von hierogl.-luw. Inschriften finden sich in HHM und bei GOETZE, Kleinasien (s. oben pag. 7).

Liste wichtiger hethitischer Könige
der sog. Grossreichszeit
(14. und 13. Jahrhundert v. Chr.)

Suppiluliuma I.	nach 1350 v. Chr.
Arnuwanda II.	
Mursili II.	um und nach 1320
Muwatalli (II.)	um 1275
Urhi-Tesub (auch Mursili III.)	
Hattusili III.	um 1250
Tuthaliya IV.	um 1225
Arnuwanda III.	
Suppiluliuma II.	um 1200

ORBIS BIBLICUS ET ORIENTALIS

Bd. 33   OTHMAR KEEL: *Das Böcklein in der Milch seiner Mutter und Verwandtes.* Im Lichte eines altorientalischen Bildmotivs. 163 Seiten, 141 Abbildungen. 1980.

Bd. 34   PIERRE AUFFRET: *Hymnes d'Egypte et d'Israël.* Etudes de structures littéraires. 316 pages, 1 illustration. 1981.

Bd. 35   ARIE VAN DER KOOIJ: *Die alten Textzeugen des Jesajabuches.* Ein Beitrag zur Textgeschichte des Alten Testaments. 388 Seiten. 1981.

Bd. 36   CARMEL McCARTHY: *The Tiqqune Sopherim and Other Theological Corrections in the Masoretic Text of the Old Testament.* 280 Seiten. 1981.

Bd. 37   BARBARA L. BEGELSBACHER-FISCHER: *Untersuchungen zur Götterwelt des Alten Reiches im Spiegel der Privatgräber der IV. und V. Dynastie.* 336 Seiten. 1981.

Bd. 38   MÉLANGES DOMINIQUE BARTHÉLEMY. *Etudes bibliques offertes à l'occasion de son 60ᵉ anniversaire.* Edités par Pierre Casetti, Othmar Keel et Adrian Schenker. 724 pages, 31 illustrations. 1981.

Bd. 39   ANDRÉ LEMAIRE: *Les écoles et la formation de la Bible dans l'ancien Israël.* 142 pages, 14 illustrations. 1981.

Bd. 40   JOSEPH HENNINGER: *Arabica Sacra.* Aufsätze zur Religionsgeschichte Arabiens und seiner Randgebiete. Contributions à l'histoire religieuse de l'Arabie et de ses régions limitrophes. 347 Seiten. 1981.

Bd. 41   DANIEL VON ALLMEN: *La famille de Dieu.* La symbolique familiale dans le paulinisme. LXVII–330 pages, 27 planches. 1981.

Bd. 42   ADRIAN SCHENKER: *Der Mächtige im Schmelzofen des Mitleids.* Eine Interpretation von 2 Sam 24. 92 Seiten. 1982.

Bd. 43   PAUL DESELAERS: *Das Buch Tobit.* Studien zu seiner Entstehung, Komposition und Theologie. 532 Seiten + Übersetzung 16 Seiten. 1982.

Bd. 44   PIERRE CASETTI: *Gibt es ein Leben vor dem Tod?* Eine Auslegung von Psalm 49. 315 Seiten. 1982.

Bd. 45   FRANK-LOTHAR HOSSFELD: *Der Dekalog.* Seine späten Fassungen, die originale Komposition und seine Vorstufen. 308 Seiten. 1982. Vergriffen.

Bd. 46   ERIK HORNUNG: *Der ägyptische Mythos von der Himmelskuh.* Eine Ätiologie des Unvollkommenen. Unter Mitarbeit von Andreas Brodbeck, Hermann Schlögl und Elisabeth Staehelin und mit einem Beitrag von Gerhard Fecht. XII–129 Seiten, 10 Abbildungen. 1991. 2. ergänzte Auflage.

Bd. 47   PIERRE CHERIX: *Le Concept de Notre Grande Puissance (CG VI, 4).* Texte, remarques philologiques, traduction et notes. XIV–95 pages. 1982.

Bd. 48   JAN ASSMANN/WALTER BURKERT/FRITZ STOLZ: *Funktionen und Leistungen des Mythos.* Drei altorientalische Beispiele. 118 Seiten, 17 Abbildungen. 1982. Vergriffen.

Bd. 49   PIERRE AUFFRET: *La sagesse a bâti sa maison.* Etudes de structures littéraires dans l'Ancien Testament et spécialement dans les psaumes. 580 pages. 1982.

Bd. 50/1 DOMINIQUE BARTHÉLEMY: *Critique textuelle de l'Ancien Testament.* 1. Josué, Juges, Ruth, Samuel, Rois, Chroniques, Esdras, Néhémie, Esther. Rapport final du Comité pour l'analyse textuelle de l'Ancien Testament hébreu institué par l'Alliance Biblique Universelle, établi en coopération avec Alexander R. Hulst †, Norbert Lohfink, William D. McHardy, H. Peter Rüger, coéditeur, James A. Sanders, coéditeur. 812 pages. 1982.

Bd. 50/2   DOMINIQUE BARTHÉLEMY: *Critique textuelle de l'Ancien Testament.* 2. Isaïe, Jérémie, Lamentations. Rapport final du Comité pour l'analyse textuelle de l'Ancien Testament hébreu institué par l'Alliance Biblique Universelle, établi en coopération avec Alexander R. Hulst †, Norbert Lohfink, William D. McHardy, H. Peter Rüger, coéditeur, James A. Sanders, coéditeur. 1112 pages. 1986.

Bd. 51   JAN ASSMANN: *Re und Amun.* Die Krise des polytheistischen Weltbilds im Ägypten der 18.–20. Dynastie. XII–309 Seiten. 1983.

Bd. 52   MIRIAM LICHTHEIM: *Late Egyptian Wisdom Literature in the International Context.* A Study of Demotic Instructions. X–240 Seiten. 1983.

Bd. 53   URS WINTER: *Frau und Göttin.* Exegetische und ikonographische Studien zum weiblichen Gottesbild im Alten Israel und in dessen Umwelt. XVIII–928 Seiten, 520 Abbildungen. 1987. 2. Auflage. Mit einem Nachwort zur 2. Auflage.

Bd. 54   PAUL MAIBERGER: *Topographische und historische Untersuchungen zum Sinaiproblem.* Worauf beruht die Identifizierung des Ǧabal Mūsā mit dem Sinai? 189 Seiten, 13 Tafeln. 1984.

Bd. 55   PETER FREI / KLAUS KOCH: *Reichsidee und Reichsorganisation im Perserreich.* 119 Seiten, 17 Abbildungen. 1984. Vergriffen. Neuauflage in Vorbereitung

Bd. 56   HANS-PETER MÜLLER: *Vergleich und Metapher im Hohenlied.* 59 Seiten. 1984.

Bd. 57   STEPHEN PISANO: *Additions or Omissions in the Books of Samuel.* The Significant Pluses and Minuses in the Massoretic, LXX and Qumran Texts. XIV–295 Seiten. 1984.

Bd. 58   ODO CAMPONOVO: *Königtum, Königsherrschaft und Reich Gottes in den Frühjüdischen Schriften.* XVI–492 Seiten. 1984.

Bd. 59   JAMES KARL HOFFMEIER: *Sacred in the Vocabulary of Ancient Egypt.* The Term $D\overline{S}R$, with Special Reference to Dynasties I–XX. XXIV–281 Seiten, 24 Figures. 1985.

Bd. 60   CHRISTIAN HERRMANN: *Formen für ägyptische Fayencen.* Katalog der Sammlung des Biblischen Instituts der Universität Freiburg Schweiz und einer Privatsammlung. XXVIII-199 Seiten. 1985.

Bd. 61   HELMUT ENGEL: *Die Susanna-Erzählung.* Einleitung, Übersetzung und Kommentar zum Septuaginta-Text und zur Theodition-Bearbeitung. 205 Seiten + Anhang 11 Seiten. 1985.

Bd. 62   ERNST KUTSCH: *Die chronologischen Daten des Ezechielbuches.* 82 Seiten. 1985.

Bd. 63   MANFRED HUTTER: *Altorientalische Vorstellungen von der Unterwelt.* Literar- und religionsgeschichtliche Überlegungen zu «Nergal und Ereškigal». VIII–187 Seiten. 1985.

Bd. 64   HELGA WEIPPERT/KLAUS SEYBOLD/MANFRED WEIPPERT: *Beiträge zur prophetischen Bildsprache in Israel und Assyrien.* IX–93 Seiten. 1985.

Bd. 65   ABDEL-AZIZ FAHMY SADEK: *Contribution à l'étude de l'Amdouat.* Les variantes tardives du Livre de l'Amdouat dans les papyrus du Musée du Caire. XVI–400 pages, 175 illustrations. 1985.

Bd. 66   HANS-PETER STÄHLI: *Solare Elemente im Jahweglauben des Alten Testamentes.* X–60 Seiten. 1985.

Bd. 67   OTHMAR KEEL / SILVIA SCHROER: *Studien zu den Stempelsiegeln aus Palästina/Israel.* Band I. 115 Seiten, 103 Abbildungen. 1985.

Bd. 68   WALTER BEYERLIN: *Weisheitliche Vergewisserung mit Bezug auf den Zionskult.* Studien zum 125. Psalm. 96 Seiten. 1985.

Bd. 69   RAPHAEL VENTURA: *Living in a City of the Dead.* A Selection of Topographical and Administrative Terms in the Documents of the Theban Necropolis. XII–232 Seiten. 1986.

Bd. 70   CLEMENS LOCHER: *Die Ehre einer Frau in Israel.* Exegetische und rechtsvergleichende Studien zu Dtn 22, 13–21. XVIII–464 Seiten. 1986.

Bd. 71   HANS-PETER MATHYS: *Liebe deinen Nächsten wie dich selbst.* Untersuchungen zum alttestamentlichen Gebot der Nächstenliebe (Lev 19,18). XIV–196 Seiten. 1986. Vergriffen. Neuauflage in Vorbereitung.

Bd. 72   FRIEDRICH ABITZ: *Ramses III. in den Gräbern seiner Söhne.* 156 Seiten, 31 Abbildungen. 1986.

Bd. 73   DOMINIQUE BARTHÉLEMY/DAVID W. GOODING/JOHAN LUST/EMANUEL TOV: *The Story of David and Goliath.* 160 Seiten. 1986.

Bd. 74   SILVIA SCHROER: *In Israel gab es Bilder.* Nachrichten von darstellender Kunst im Alten Testament. XVI–553 Seiten, 146 Abbildungen. 1987.

Bd. 75   ALAN R. SCHULMAN: *Ceremonial Execution and Public Rewards.* Some Historical Scenes on New Kingdom Private Stelae. 296 Seiten, 41 Abbildungen. 1987.

Bd. 76   JOŽE KRAŠOVEC: *La justice (Ṣdq) de Dieu dans la Bible hébraïque et l'interprétation juive et chrétienne.* 456 pages. 1988.

Bd. 77   HELMUT UTZSCHNEIDER: *Das Heiligtum und das Gesetz.* Studien zur Bedeutung der sinaitischen Heiligtumstexte (Ez 25–40; Lev 8–9). XIV–326 Seiten. 1988.

Bd. 78   BERNARD GOSSE: *Isaie 13,1–14,23.* Dans la tradition littéraire du livre d'Isaïe et dans la tradition des oracles contre les nations. 308 pages. 1988.

Bd. 79   INKE W. SCHUMACHER: *Der Gott Sopdu – Der Herr der Fremdländer.* XVI–364 Seiten, 6 Abbildungen. 1988.

Bd. 80   HELLMUT BRUNNER: *Das hörende Herz.* Kleine Schriften zur Religions- und Geistesgeschichte Ägyptens. Herausgegeben von Wolfgang Röllig. 449 Seiten, 55 Abbildungen. 1988.

Bd. 81   WALTER BEYERLIN: *Bleilot, Brecheisen oder was sonst?* Revision einer Amos-Vision. 68 Seiten. 1988.

Bd. 82   MANFRED HUTTER: *Behexung, Entsühnung und Heilung.* Das Ritual der Tunnawiya für ein Königspaar aus mittelhethitischer Zeit (KBo XXI 1 – KUB IX 34 – KBo XXI 6). 186 Seiten. 1988.

Bd. 83   RAPHAEL GIVEON: *Scarabs from Recent Excavations in Israel.* 114 Seiten, 9 Tafeln. 1988.

Bd. 84   MIRIAM LICHTHEIM: *Ancient Egyptian Autobiographies chiefly of the Middle Kingdom.* A Study and an Anthology. 200 Seiten, 10 Seiten Abbildungen. 1988.

Bd. 85   ECKART OTTO: *Rechtsgeschichte der Redaktionen im Kodex Ešnunna und im «Bundesbuch».* Eine redaktionsgeschichtliche und rechtsvergleichende Studie zu altbabylonischen und altisraelitischen Rechtsüberlieferungen. 220 Seiten. 1989.

Bd. 86   ANDRZEJ NIWIŃSKI: *Studies on the Illustrated Theban Funerary Papyri of the 11th and 10th Centuries B.C.* 488 Seiten, 80 Seiten Tafeln. 1989.

Bd. 87   URSULA SEIDL: *Die babylonischen Kudurru-Reliefs.* Symbole mesopotamischer Gottheiten. 236 Seiten, 33 Tafeln und 2 Tabellen. 1989.

Bd. 88   OTHMAR KEEL/HILDI KEEL-LEU/SILVIA SCHROER: *Studien zu den Stempelsiegeln aus Palästina/Israel.* Band II. 364 Seiten, 652 Abbildungen. 1989.

Bd. 89   FRIEDRICH ABITZ: *Baugeschichte und Dekoration des Grabes Ramses' VI.* 202 Seiten, 39 Abbildungen. 1989.

Bd. 90 JOSEPH HENNINGER SVD: *Arabica varia*. Aufsätze zur Kulturgeschichte Arabiens und seiner Randgebiete. Contributions à l'histoire culturelle de l'Arabie et de ses régions limitrophes. 504 Seiten. 1989.

Bd. 91 GEORG FISCHER: *Jahwe unser Gott*. Sprache, Aufbau und Erzähltechnik in der Berufung des Mose (Ex. 3–4). 276 Seiten. 1989.

Bd. 92 MARK A. O'BRIEN: *The Deuteronomistic History Hypothesis*: A Reassessment. 340 Seiten. 1989.

Bd. 93 WALTER BEYERLIN: *Reflexe der Amosvisionen im Jeremiabuch*. 120 Seiten. 1989.

Bd. 94 ENZO CORTESE: *Josua 13-21*. Ein priesterschriftlicher Abschnitt im deuteronomistischen Geschichtswerk. 136 Seiten. 1990.

Bd. 95 ERIK HORNUNG (Herausgeber): *Zum Bild Ägyptens im Mittelalter und in der Renaissance. Comment se représente-t-on l'Egypte au Moyen Age et à la Renaissance*. 268 Seiten. 1990.

Bd. 96 ANDRÉ WIESE: *Zum Bild des Königs auf ägyptischen Siegelamuletten*. 264 Seiten. 1990.

Bd. 97 WOLFGANG ZWICKEL: *Räucherkult und Räuchergeräte*. Exegetische und archäologische Studien zum Räucheropfer im Alten Testament. 372 Seiten. 1990.

Bd. 98 AARON SCHART: *Mose und Israel im Konflikt*. Eine redaktionsgeschichtliche Studie zu den Wüstenerzählungen. 296 Seiten. 1990.

Bd. 99 THOMAS RÖMER: *Israels Väter*. Untersuchungen zur Väterthematik im Deuteronomium und in der deuteronomistischen Tradition. 664 Seiten. 1990.

Bd. 100 OTHMAR KEEL/MENAKHEM SHUVAL/CHRISTOPH UEHLINGER: *Studien zu den Stempelsiegeln aus Palästina/Israel*. Band III. Die Frühe Eisenzeit. Ein Workshop. XIV–456 Seiten. XXII Tafeln. 1990.

Bd. 101 CHRISTOPH UEHLINGER: *Weltreich und «eine Rede»*. Eine neue Deutung der sogenannten Turmbauerzählung (Gen 11,1–9). XVI–654 Seiten. 1990.

Bd. 102 BENJAMIN SASS: *Studia Alphabetica*. On the Origin and Early History of the Northwest Semitic, South Semitic and Greek Alphabets. X–120 Seiten. 16 Seiten Abbildungen. 2 Tabellen. 1991.

Bd. 103 ADRIAN SCHENKER: *Text und Sinn im Alten Testament*. Textgeschichtliche und bibeltheologische Studien. VIII–312 Seiten. 1991.

Bd. 104 DANIEL BODI: *The Book of Ezekiel and the Poem of Erra*. IV–332 Seiten. 1991.

Bd. 105 YUICHI OSUMI: *Die Kompositionsgeschichte des Bundesbuches Exodus 20,22b–23,33*. XII–284 Seiten. 1991.

Bd. 106 RUDOLF WERNER: *Kleine Einführung ins Hieroglyphen-Luwische*. XII–112 Seiten. 1991.

UNIVERSITÄTSVERLAG FREIBURG SCHWEIZ

Zu diesem Band:

Immer wieder lassen sich Besucher der archäologischen Museen in Ankara und Istanbul von den seltsamen Schriftzeichen auf Stelen und Orthostaten faszinieren, denen der Türkeireisende auch im Felsenheiligtum Yazilikaya bei Boğazköy oder in der Ausgrabungsstätte auf dem Karatepe bei Kadirli (Kilikien) begegnen kann. Aber nur selten werden in Instituten oder Seminarien für orientalische Altertumswissenschaft an unseren Universitäten Kurse über diese sogenannten hethitischen Hieroglyphen angeboten.

Es existieren zwar bereits Anläufe und Versuche, die etwas disparate und heikle Materie aufzuarbeiten. Aber die von Emmanuel Laroche vor dreissig Jahren in Aussicht gestellte «seconde partie» zu seinen «Hiéroglyphes Hittites» ist nie erschienen, und Piero Meriggis bewundernswerter Versuch, das gesamte ihm zugängliche Material in seinem «Manuale» aufzuarbeiten, ist durch Neuerkenntnisse der letzten 17 Jahre in mancher Hinsicht zu modifizieren.

Diesen Nachteilen soll die «Kleine Einführung ins Hieroglyphen-Luwische» abhelfen. Sie bringt nach einleitenden Kapiteln zu Schrift und Sprache eine grammatische Skizze und ausgewählte Textproben (Siegellegenden und Stein-Inschriften). Eine Zeichenliste und Wörterverzeichnisse sollen die Einarbeit erleichtern. Das Büchlein wendet sich bewusst an Anfänger und Anfängerinnen sowie an Leute, die nicht in Hethitologie spezialisiert sind, sondern sich in erster Linie mit altorientalischer Geschichte und Archäologie, mit Assyriologie, mit dem Alten Testament, mit Indogermanistik u.ä. beschäftigen.